Das verträumte Kind

Konzentrationstraining für Grundschulkinder

Die besten Übungen für nachhaltig mehr Aufmerksamkeit und Konzentration in der Schule und im Alltag

Katarina Schwarz

Alle Ratschläge in diesem Buch wurden vom Autor und vom Verlag sorgfältig erwogen und geprüft. Eine Garantie kann dennoch nicht übernommen werden. Eine Haftung des Autors beziehungsweise des Verlags für jegliche Personen-, Sach- und Vermögensschäden ist daher ausgeschlossen.

ISBN: 9789403644653 | Copyright © 2021 | 1. Auflage – 10/2021

Katarina Schwarz

Alle Rechte, insbesondere das Recht der Vervielfältigung und Verbreitung der Übersetzung, vorbehalten. Kein Teil des Werkes darf in irgendeiner Form (durch Fotokopie, Mikrofilm oder ein anderes Verfahren) ohne schriftliche Genehmigung des Verlages reproduziert oder unter Verwendung elektronischer Systeme gespeichert, verarbeitet, vervielfältigt oder verbreitet werden.

Gliederung

Einleitung *1*

1. Was ist eigentlich Konzentration und wie erwirbt ein Kind diese Fähigkeit *3*

2. Jedes Kind ist anders *9*

3. Symptome und mögliche Ursachen von Konzentrationsstörungen *11*

3.1. Risikofaktoren und mögliche Ursachen für Konzentrationsstörungen 11

3.2. Wann leidet ein Kind überhaupt unter Konzentrationsstörungen? 13

3.3. Abgrenzung zu einer Sensorischen Integrationsstörung 16

3.4. Abgrenzung zu der Erkrankung ADHS 21

3.5. Abgrenzung zu Hochsensibilität 27

4. Lösungsansätze für Konzentrationsstörungen *32*

4.1. Konzentration braucht frische Energie 32

4.2. Gestaltung und Organisation des Arbeitsplatzes 39

4.3. Pausengestaltung mal anders 44

4.4. Wie Sie Sicherheit im Nervensystem Ihres Kindes schaffen 48

4.5. Das Wecken von Eigenmotivation und Neugier durch spielerische Elemente 57

4.6. Die Welt der Sinneswahrnehmung anregen 64

4.7. Lernen durch Spiel und vielfältige Bewegungserfahrungen 68

4.8. Tiergestützte Therapie und vielleicht ein Freund fürs Leben 71

4.9. Anspannung durch Entspannung abbauen, aber wie nur? 73

5. Kindgerechte Konzentrationsübungen 79

5.1. Konzentrationsspiele für Vorschulkinder und Schulanfänger 80

5.2. Konzentrationsspiele für Grundschulkinder 87

5.3. Wahrnehmungsübungen für alle Sinne 91

5.4. Bewegungsübungen für Konzentration, Gleichgewicht und Geschicklichkeit 99

5.5. Die Aufmerksamkeit mit Geschichten wecken 110

5.6. Kindgerechte Entspannungstechniken 112

6. *Schlusswort*... *136*

Einleitung

Von welchen Faktoren hängt es ab, wie gut sich Kinder konzentrieren können? Vielleicht kennen Sie folgende Situation: Sie selbst müssen eine schwierige Aufgabe erledigen, welche hohe Konzentration erfordert. Vielleicht schieben Sie diese Aufgabe schon eine Weile vor sich her, weil Sie schwierig ist und nicht gerade zu Ihren Lieblingsbeschäftigungen gehört. Bei mir ist das zum Beispiel das Ausfüllen der Steuererklärung. Nun stellen Sie sich vor, Sie haben sich endlich aufgerafft, sitzen an Ihrem Schreibtisch und vor Ihnen liegt ein Stapel an Papieren. Sie beginnen, das Programm im PC aufzurufen und die Zahlen aus den Dokumenten einzutragen. Sie konzentrieren sich, um die richtige Spalte zu finden und beim Eintragen die Zahlen nicht zu verdrehen, da beginnt Ihr Nachbar nebenan zu bohren oder er stellt den Rasenmäher an. Sehr ärgerlich. Wahrscheinlich ist es jetzt vorbei mit dem konzentrierten Arbeiten. Vielleicht ziehen Sie jetzt die Stirn in Falten, versuchen trotzdem konzentriert weiter zu arbeiten, oder Sie stehen genervt auf und warten darauf, dass der Nachbar fertig ist. Solange dieser Lärm zu hören ist, kommen Sie jedenfalls nicht so richtig voran.

Nun stellen Sie sich folgende Situation vor: Sie sind in ein richtig spannendes Buch vertieft und haben heute endlich genügend Zeit, um es zu Ende zu lesen. Sie sind ganz gefesselt von der Handlung und tauchen förmlich in das Buch hinein. So versunken bekommen Sie kaum etwas von Ihrer Umwelt mit. Am nächsten Tag fragt Ihr Nachbar, ob Sie der Rasenmäher sehr gestört hat. Verdutzt schauen Sie ihn an: Welcher Rasenmäher? Stimmt, da war so ein Geräusch, aber das haben Sie nur am Rande mitbekommen, während Sie in Ihr Buch vertieft gewesen sind.

Diese beiden Beispiele zeigen, dass Konzentration eine Fähigkeit ist, die von vielen Faktoren abhängig ist. Da spielen Umweltreize eine ähnlich große Rolle, genauso wie innere Faktoren wie Motivation, Selbstvertrauen und Sicherheit. Das gilt sowohl für Erwachsene, wie auch für Kinder. In diesem Buch will ich Sie mit einigen der Störfaktoren bekannt machen, aber v.a. liegen mir die Lösungswege am Herzen. Daher besteht der Hauptteil des Buches aus praktischen Lösungsansätzen und zahlreichen kindgerechten, spielerischen Übungen, mit denen Sie die Konzentration Ihres Kindes auf ganz neue Art fördern können. Als Nebeneffekt ist es möglich, dass Ihr Alltag wieder etwas entspannter und fröhlicher abläuft, denn Wege zur Konzentration sind auch immer Wege zu mehr Selbstvertrauen und Lebenszufriedenheit.

1. Was ist eigentlich Konzentration und wie erwirbt ein Kind diese Fähigkeit

Was ist eigentlich Konzentration? Es ist die Fähigkeit, mit der Aufmerksamkeit bei einer Sache zu bleiben. Meistens handelt es sich dabei um eine Aufgabe die es zu lösen gilt. Das ist ein Grund dafür, warum Konzentrationsstörungen oft erst im Schulalter diagnostiziert werden. Hier sehen sich Kinder plötzlich mit Lernaufgaben konfrontiert, die ihnen von Erwachsenen vorgegeben werden. Dort wo Vorschulkinder meist noch spielerisch und selbstbestimmt lernen, wird Schulkindern auf einmal ein fester Zeitrahmen gesetzt, oft an die Bedingung geknüpft, in dieser Zeit stillzusitzen.

Dabei hat Ihr Kind im Zeitraum bis zur Schule schon so viele lebenswichtige Dinge gelernt, ganz ohne diesen vorgegebenen

Das verträumte Kind

Rahmen. Jedes gesunde Kind lernt in den ersten zwei Lebensjahren greifen, laufen und sprechen, ganz in seinem eigenen Tempo, ganz ohne vorgegebenen Lehrplan. Und auch Vorschulkinder lernen ohne gezielten Unterricht jeden Tag Neues dazu. So beginnt ein Kind um den dritten Geburtstag herum, Warum-Fragen zu stellen. Das passiert von ganz allein, aus seinem natürlichen Bedürfnis heraus, die Umwelt zu erkunden. Oder mussten Sie Ihrem Kind lernen, wie es eine Warum-Frage stellt? Ein Vorschulkind lernt an jedem Tag neue Dinge dazu, einfach weil es seine Umwelt mit allen Sinnen wahrnimmt. Es probiert neue Bewegungsmöglichkeiten aus und nutzt jede Gelegenheit um zu klettern, zu hüpfen, zu tanzen und zu balancieren. Kinder die beispielsweise das Glück haben einen Waldkindergarten zu besuchen, klettern von allein oder durch die Gemeinschaft motiviert auf Bäume und verschiedene Hindernisse. Auch ihren Wortschatz erweitern Vorschulkinder jeden Tag auf ganz natürliche Weise, indem sie sich Bücher vorlesen lassen, Fragen stellen und aufmerksam zuhören, wenn Erwachsene Geschichten und interessante Begebenheiten erzählen.

Was braucht ein Kind also bis zum Schulbeginn, um sich auf etwas konzentrieren zu können und dadurch Neues zu lernen? Es braucht v.a. Freiraum, um seine Umwelt mit allen Sinnen zu erkunden, sich dabei z.B. auch schmutzig machen zu dürfen und die Erlaubnis, Dinge auf seine eigene Weise zu tun. Es braucht Ihr Vorbild, v.a.

beim Erlernen der Sprache und von sozialen Regeln. Es braucht eine anregende Umgebung in Form von Spielmaterial, Bilderbüchern und v.a. vielfältige Bewegungsmöglichkeiten auf Spielplätzen und in der Natur. Und es braucht unbedingt das Zusammensein mit anderen Kindern, um sich beim gemeinsamen freien Spiel gegenseitig zu inspirieren. Als Basis für alle Lernprozesse braucht ein Kind außerdem verlässliche Bezugspersonen, die ihm Vertrauen, Sicherheit und Geborgenheit geben und es immer wieder zum Erfahren seiner Umwelt ermutigen oder wenigstens nicht bremsen.

Nun beginnt irgendwann um das 6. Lebensjahr herum die Schule und auf einmal soll alles anders sein. Auf einmal soll Ihr Kind stillsitzen, zuhören und vorgegebene Aufgaben lösen. Es darf nicht mehr selbst entscheiden, was es als nächstes lernen will. Es darf nicht mehr dazwischen reden und meistens darf es sich auch nicht mehr bewegen, wenn es sich bewegen will, außer im dafür vorhergesehenen Sportunterricht.

Wussten Sie dass die Konzentrationsspanne von Sechsjährigen ungefähr bei 15 Minuten liegt und dies natürlich davon abhängig ist, ob sich Ihr Kind gerade für dieses Thema interessiert? Genauso ist die Konzentration eines Grundschulkindes davon abhängig, wie sehr es die Bezugsperson mag, welche ihm die Aufgaben stellt und wie wohl es sich innerhalb der vorgegebenen Rahmenbedingungen

Das verträumte Kind

fühlt. Meine Töchter z.B. haben in der ersten Klasse v.a. gelernt, weil sie Ihre Grundschullehrerin liebten.

Wenn Sie also die Konzentrationsfähigkeit Ihres Kindes fördern wollen, ist es besonders wichtig, zuerst einmal auf die Rahmenbedingungen zu schauen. Und in dieser Hinsicht hat das momentane Schulsystem einen hohen Reformbedarf. Es entstand vor etwa 200 Jahren, um Kinder auf das Leben als Arbeiter*innen in der Industrie vorzubereiten. Entspricht diese Idee noch der Zukunftsperspektive, die Sie sich für Ihr Kind wünschen? Wohl kaum. Deshalb sollten Sie bei Konzentrationsproblemen Ihres Kindes zuerst die Rahmenbedingungen überprüfen. Hat es nur in einem bestimmten Rahmen Schwierigkeiten hat sich zu konzentrieren, wie z.b. im Frontalunterricht der ersten Klasse? Wenn Sie diese Frage mit Ja beantworten, dann werden Sie wahrscheinlich nicht darum herum kommen, diese Rahmenbedingungen zu ändern, evtl. durch die Wahl einer anderen Schule, welche alternative Unterrichtsmöglichkeiten anbietet. Sechsjährige Kinder, die im Frontalunterricht 45 Minuten stillsitzen, unterdrücken dadurch ihr natürliches Bedürfnis nach Bewegung, nach Interaktion mit anderen Kindern und nach Lernerfahrungen mit allen Sinnen. Das ist jedoch nicht gesund. Wenn sich Ihr Kind in einer so frühen Lebensphase schon so stark an seine Umwelt anpassen muss, unterdrückt es dadurch seine eigene Lebendigkeit. Damit unterdrückt es auch eine wichtige Quelle für Lebenszufriedenheit, Selbstbewusstsein und Glück. Wenn sich Ihr Kind also weigern sollte zu lange still zu sitzen, kann es sein, dass es intuitiv spürt was es braucht. Das kann von einem starken Selbstbewusstsein und einem guten Gespür für die eigenen Bedürfnisse zeugen. Vielleicht leidet Ihr Kind nicht unter Konzentrationsstörungen, sondern nur unter dem überholten Schulsystem. Eine Freundin von mir besuchte beispielsweise eine freie Schule, in der es für alle Kinder die Möglichkeit gab, jederzeit in das zugehörige Waldgebiet zu gehen. Sie erzählte mir, dass sie die ersten beiden Schuljahre fast ausschließlich im Wald verbrachte. Sie hatte das Glück, dass ihre Lehrer und ebenso ihre Eltern darauf vertrauten, dass sie die nötigen Lernerfahrungen in ihrem eigenen Tempo und in ihrem eigenen Rhythmus machen würde. Sie hat dieses Vertrauen nicht enttäuscht - sie absolvierte nach der freien Schule sowohl das Abitur als auch ein Studium erfolgreich.

Natürlich gibt es neben den Rahmenbedingungen unseres Schulsystems noch zahlreiche andere Ursachen für eine mangelnde Konzentration, die ihr Kind bei der Aufnahme von Informationen behindern können. Auf mögliche Störfaktoren, unter denen Ihr Kind beim Lernen leiden könnte, gehe ich in den nächsten Kapiteln näher ein. Vor allem aber will ich Ihnen in diesem Buch kindgerechte Lösungsansätze aufzeigen, wie Ihr Kind erlernt seine

Aufmerksamkeit auf einer Sache zu halten. Im letzten Teil des Buches finden Sie dann zahlreiche praktische Übungen und Spiele, um die Konzentrationsfähigkeit Ihres Kindes auf spielerische und kindgemäße Art anzuregen und zu steigern.

2. Jedes Kind ist anders

Jedes Kind ist anders und das ist gut so. Leider neigen wir als Eltern oft dazu, Kinder miteinander zu vergleichen, besonders wenn es schon ältere Geschwisterkinder gibt. Auch mir fiel es schwer, nicht ungeduldig zu werden wenn die Entwicklung meiner Zwillingsmädchen unterschiedlich verlief. Während die eine noch krabbelte, machte die andere schon ihre ersten Schritte. Während die Erstgeborene schon das Töpfchen benutzte, nutzte ihre Schwester noch das Windelpaket. Immer wieder musste auch ich als Erzieherin mich daran erinnern, dass Entwicklung etwas ganz Individuelles ist.

So kann es z.B. einem Kind schwerer fallen, sich beim Lesen zu konzentrieren, als einem der Geschwister. Vielleicht ist es dafür aber im Balancieren und Klettern besser, oder es löst mit Vorliebe mathematische Rätsel. Die Konzentration Ihres Kindes wird auch immer von seinen Interessen, Vorlieben, Bedürfnissen und seinem

Das verträumte Kind

individuellen Tempo abhängig sein. Setzen Sie daher kein Kind unter Druck, wenn es nicht dem Leistungsniveau seiner Geschwister oder seiner Schulkamerad*innen entspricht. Das Tempo, in dem Ihr Kind erlernt, sich ruhig und fokussiert auf bestimmte Aufgaben zu konzentrieren, hängt immer von seinen individuellen Voraussetzungen ab und lässt sich nicht beliebig steigern. Schon gar nicht durch Hetze, Druck oder Zwang. Schaffen Sie stattdessen lieber eine harmonische und ungestörte Lernatmosphäre, in der Ihr Kind mit Freude und ohne Ablenkungen lernen kann. Kindgerechte Themen, genug Raum für Bewegung und individuell gestaltete Pausen sind die wichtigsten Voraussetzungen für ein erfolgreiches Konzentrationstraining.

3. Symptome und mögliche Ursachen von Konzentrationsstörungen

Besonders zu Schulbeginn klagen viele Eltern darüber, dass ihre Kinder sich nur schwer konzentrieren können. Auch Studien der Krankenkassen und Befragungen der Lehrer*innen zeigen auf, dass Konzentrationsschwierigkeiten von Schüler*innen innerhalb der letzten 10 Jahre stark zugenommen haben.

3.1. Risikofaktoren und mögliche Ursachen für Konzentrationsstörungen

Die Ursachen dieser Entwicklung sind sicher vielfältig und ein, zu wenig an die Bedürfnisse der Kinder angepasstes Schulsystem, ist meiner Meinung nach das wichtigste Schlüsselelement. Ein weiterer wichtiger Faktor ist die zunehmende Nutzung von Handys, Tablets und anderen digitalen Geräten. Eine Studie der London School of Economics zeigte auf, dass Handyverbote die Leistungen der Schüler*innen um ca. 6 Prozent verbesserten. Weitere Studien mit Kindern und Jugendlichen belegen, dass das Risiko für Konzentrationsstörungen mit der Dauer der täglichen Smartphone-Nutzung wächst. Daraus ergeben sich folgende Empfehlungen von Kinder- und Jungendärzt*innen und Psycholog*innen:

Bis zum 13. Lebensjahr sollten Kinder noch kein eigenes Handy besitzen. Schon eine halbe Stunde Handynutzung täglich wirkt sich negativ auf die Konzentrations- und Lernfähigkeit Ihres Kindes aus. Ab dem 13. Lebensjahr sollte eine Nutzung von Smartphones, Tablets und ähnlichen Geräten mit Bildschirm nur mit gemeinsam aufgestellten verbindlichen Regeln erfolgen.

Weitere Risikofaktoren für Konzentrationsprobleme sind ein zu hoher Fernsehkonsum, mangelnde Möglichkeiten für Lernerfahrungen mit allen Sinnen, Bewegungsmangel, eine Sensorische Integrationsstörung und eine Reizüberflutung, v.a. bei Kindern mit Hochsensibilität. Körperliche Ursachen können zum Beispiel Krankheiten wie ADHS, Nahrungsmittelunverträglichkeiten, zu wenig Schlaf, zu viel Zucker, zu wenig Flüssigkeit, sowie Vital- und Mineralstoffmangel sein. Psychisch führen vor allem eine mangelnde Sicherheit und Geborgenheit, Stress durch Über- oder Unterforderung, Leistungsdruck, Mobbingerfahrungen, depressive

Verstimmungen und unbearbeitete Ängste zu Konzentrationsstörungen.

Um die möglichen Ursachen von Konzentrationsproblemen Ihres Kindes abzuklären, sollten Sie sich Rat von Menschen holen, die Ihr Kind schon in verschiedenen Alltagssituationen erlebt haben oder sich genügend Zeit nehmen, um Ihr Kind und seine Lebensumstände gründlich kennenzulernen. Holen Sie sich Hilfe bei Kinderärzt*innen, Pädagog*innen oder Psycholog*innen, die ein offenes Ohr für die Probleme und Sorgen Ihres Kindes zeigen und eine Diagnose erst nach einer gründlichen Untersuchung stellen. Einige Informationen zu Sensorischen Integrationsstörungen, zum Krankheitsbild ADHS und zu Hochsensibilität bei Kindern als mögliche Ursachen von Konzentrationsstörungen finden Sie in den nächsten beiden Kapiteln.

3.2. Wann leidet ein Kind überhaupt unter Konzentrationsstörungen?

Folgende Richtwerte können ein Anhaltspunkt dafür sein, ob die Konzentrationsspanne Ihres Kindes in etwa seinem Alter und der Entwicklungsstufe seines Nervensystems entspricht:

- 5 bis 7 Jahre - bis ca. 15 Minuten
- 7 bis 10 Jahre - bis ca. 20 Minuten

- 10 bis 12 Jahre - bis ca. 25 Minuten
- 12 bis 16 Jahre - bis ca. 30 Minuten

Das zeigt, dass ein Schulanfänger allein durch seinen biologischen Entwicklungsstand noch gar nicht in der Lage ist, eine halbe Stunde oder länger konzentriert an den Hausaufgaben zu sitzen. Er braucht immer wieder Pausen, in denen er sich erholen kann. Möglichkeiten zur Gestaltung des Arbeitsplatzes und der Pausen finden Sie in den Kapiteln 4.2. und 4.3.

Woran erkennen Sie nun, ob Ihr Kind an einer Konzentrationsschwäche leidet? Das wichtigste Kriterium ist meiner Erfahrung nach die Frage: Leidet mein Kind an mangelnder Konzentration oder eher an den unpassenden Anforderungen seiner Umwelt? Oft verbessert eine veränderte Gestaltung der äußeren Faktoren die Konzentrationsfähigkeit eines Kindes erheblich. Konzentrationsschwierigkeiten können manchmal ein Hilferuf Ihres Kindes sein, dass es mit seiner Umwelt überfordert ist. Manchmal gibt es auch biologische Ursachen für eine gestörte Konzentration. Folgende Beobachtungen können darauf hinweisen, dass Ihr Kind Hilfe benötigt:

- Ihr Kind macht bei Schulaufgaben und Leistungskontrollen viele Leichtsinnsfehler.

- Ihr Kind lässt sich leicht von anderen Umweltreizen wie Geräuschen ablenken.

- Ihr Kind beginnt viele Aktivitäten, bringt die meisten aber nicht zu einem guten Abschluss.

- Ihr Kind kann nicht zwischen wichtigen und unwichtigen Aufgaben unterscheiden.

- Ihr Kind ist besonders schusselig, es vergisst und verliert oft Arbeitsmaterialien oder Einträge ins Hausaufgabenheft oder macht Dinge doppelt.

- Ihr Kind fühlt einen hohen Leistungsdruck, es wirkt oft gestresst und überfordert.

- Es zeigt kaum Kreativität beim Lösen von Aufgaben und ist schnell erschöpft.

- Ihr Kind schweift beim Erledigen von Aufgaben schnell ab, es wirkt geistig abwesend und verträumt.

- Ihr Kind wirkt häufig lustlos und demotiviert.

- Ihr Kind zeigt eine geringe körperliche Vitalität oder eine große Zappeligkeit, unter der es selbst leidet.

Das verträumte Kind

Mediziner*innen unterscheiden außerdem zwischen einer Konzentrationsschwäche und einer Konzentrationsstörung. Bei einer Konzentrationsschwäche ist Ihr Kind dauerhaft nicht in der Lage, sich von anderen Reizen abzuschirmen, um sich auf eine bestimmte Sache zu fokussieren. Bei einer Konzentrationsstörung ist es vorübergehend nicht in der Lage, sich auf eine Aufgabe zu konzentrieren. Ab wann genau die Stufe von der vorübergehenden Störung zur dauerhaften Schwäche überschritten ist, ist nicht genau definiert. Auf jeden Fall benötigt Ihr Kind aber Hilfe, wenn es durch seine mangelnde Konzentration einen Leidensdruck verspürt. Zögern Sie in diesem Fall nicht, sich ärztliche oder therapeutische Hilfe zu holen, doch vergessen Sie auch nicht, dass Sie als Eltern Ihr Kind am Besten kennen. Wie Sie Ihrem Kind helfen können, seine Konzentration nach und nach zu verbessern und damit seine Lernergebnisse und v.a. seine Lebenszufriedenheit zu erhöhen, erfahren Sie im 7. Kapitel zu den Lösungsansätzen.

3.3. Abgrenzung zu einer Sensorischen Integrationsstörung

Sensorische Integration ist die Fähigkeit zur Aufnahme und Verarbeitung von Sinnesreizen, welche schon vorgeburtlich ausgebildet wird. Sie stellt eine Grundvoraussetzung für alle Konzentrationsleistungen dar. Um Reize aus der Umwelt und aus dem eigenen

Körper gut verarbeiten zu können, muss Ihr Kind diese zuerst wahrnehmen, dann im Nervensystem verarbeiten, speichern und auch noch mit vorhandenen Erfahrungen verknüpfen. Ist diese Verarbeitung von Reizen nur an einer Stelle gestört, kann Ihr Kind unter Konzentrationsschwierigkeiten und zahlreichen weiteren Problemen leiden. Man spricht hier von einer Sensorischen Integrationsstörung.

Eine ergotherapeutische Behandlung von Konzentrationsstörungen setzt beispielsweise meistens zuerst bei den Sinneswahrnehmungen des Kindes an. Die Förderung durch Sensorische Integration unterscheidet zwischen den folgenden Nah- und Fernsinnen.

Zu den Nahsinnen zählen

- der Tastsinn (z.B. Wahrnehmung von Oberflächen, Berührungen, Temperatur usw.)

- der Gleichgewichtssinn, welcher sehr eng mit der Aufmerksamkeit verknüpft ist

- der Bewegungssinn (Informationen aus Muskeln, Sehnen und Gelenken)

Zu den Fernsinnen zählen

- der Sehsinn

- der Hörsinn
- der Geruchssinn und
- der Geschmackssinn

Eine gelingende sensorische Integration ist die Grundlage für das Erlernen zahlreicher anderer darauf aufbauender Leistungen wie Grob- und Feinmotorik, Sprache, Schreiben, Verhalten, Konzentrationsfähigkeit und Selbstbewusstsein.

Mögliche Ursachen von Sensorischen Integrationsstörungen sind Sauerstoffmangel vor, während und nach der Geburt, Frühgeburten, unentdeckte minimale Hirnblutungen, fehlende Umweltreize, genetische Veranlagung oder die Aufnahme von Umweltgiften.

Folgende Beobachtungen können auf eine Unter- oder eine Überfunktion der Sinnesverarbeitung Ihres Kindes hinweisen. Wenn mehr als die Hälfte der genannten Punkte auf Ihr Kind zutreffen, könnte eine Sensorische Integrationsstörung vorliegen.

Ein betroffenes Kind

- merkt nicht, wenn es schmutzig ist oder sich beim Essen bekleckert
- bemerkt flüchtige und sanfte Berührungen nicht

- hat ein geringeres Schmerzempfinden
- ist ungeschickt oder verkrampft beim Spiel mit kleinen Dingen oder beim Halten von Stiften
- nimmt auch nach dem 2. Lebensjahr noch viele Dinge in den Mund
- ist zappelig oder sogar wild und kann Gefahren nicht erkennen
- verliert schnell das Gleichgewicht oder stolpert oft
- zeigt eher unkoordinierte Bewegungen, z.b. beim Ball spielen
- ist unaufmerksam und verträumt
- wirkt ungeschickt oder tollpatschig
- erlernt neue motorische Tätigkeiten wie beispielsweise das Radfahren nur langsam oder vermeidet sie ganz
- hat eine geringe Muskelspannung, eine eher schlaffe Körperhaltung und stützt z.B. den Kopf beim Sitzen meistens ab
- hat ein mangelndes Körpergefühl
- kann seine Kraft nicht dosieren
- knirscht mit den Zähnen

Das verträumte Kind

- geht auf Zehenspitzen
- zeigt oft ein große Ängstlichkeit
- vermeidet lebhafte Spiele
- empfindet schnell Schwindel
- vermeidet bestimmte Berührungen
- hat eine starke Abneigung gegen bestimmte Materialien
- hat eine große Empfindlichkeit gegen Schmutz
- verweigert die Körperpflege
- spielt lieber alleine als mit anderen Kindern

Liegt bei Ihrem Kind eine Sensorische Integrationsstörung vor, kann beispielsweise eine Sensorische Integrationstherapie durch Ergotherapeut*innen helfen. Außerdem können Sie Ihrem Kind v.a. durch verschiedene Bewegungsangebote, durch den Schutz vor Reizüberflutung, durch gemeinsames Spiel und die Anregung vieler Sinneswahrnehmungen helfen. Dabei sollten alle Angebote freiwillig sein und besonders auch die Abneigungen und Vorlieben Ihres Kindes berücksichtigen.

3.4. Abgrenzung zu der Erkrankung ADHS

Wenn Kinder sich in der Schule schlecht konzentrieren können und zusätzlich durch einen hohen Bewegungsdrang und intensive Gefühlsäußerungen auffallen, steht oft voreilig die Diagnose ADHS im Raum. Doch Vorsicht, so eine Diagnose kann auch ein Stempel sein, welchen Ihr Kind so schnell nicht wieder los wird. Auf der anderen Seite brauchen von ADHS betroffene Kinder, die erheblich unter den Symptomen der Krankheit leiden dringend Hilfe.

Darum gilt es genau abzuwägen, ob Ihr Kind einfach nur gegen unpassende äußere Bedingungen rebelliert, die nicht kindgemäß sind. Das kann langes Stillsitzen sein, welches Ihr Kind zur Unterdrückung seines natürlichen Bewegungsdranges zwingt, oder, sein Tagesablauf bietet nicht genügend Raum, um beim freien Spiel und beim Herumtoben mit anderen Kindern seine Gefühle auszudrücken. Vielleicht ist es von den Aufgaben, die es lösen soll, überfordert oder unterfordert oder sie entsprechen schlicht und einfach nicht seinen kindlichen Interessen. In solchen Fällen ist es natürlich unangebracht, ein Kind zu therapieren anstatt die äußeren Bedingungen zu ändern, gegen welche es sich auflehnt. Kein Kind sollte dazu gezwungen werden, seine kindlichen Bedürfnisse nach Spiel, Bewegung und selbstbestimmtem Lernen zu unterdrücken. Vielleicht gibt es aus diesem Grund in der jetzigen Generation so viele gefühlsstarke Kinder. Sie weisen durch ihr Verhalten Eltern und

Pädagogen auf den dringenden Handlungsbedarf hin, der bezüglich der Lernbedingungen in unserem Schulsystem existiert.

Was bedeutet ADHS?

Die Abkürzung ADHS steht für die Krankheit Aufmerksamkeitsdefizit-Hyperaktivitätsstörung. Die deutlichsten Symptome für ADHS sind eine dauerhafte Konzentrationsschwäche, eine mangelnde Impulskontrolle, deutliche Wahrnehmungsstörungen und ein enorm großer Bewegungsdrang, der auch als Hyperaktivität bezeichnet wird. ADHS ist die häufigste psychiatrische Störung bei Kindern und Jugendlichen, wobei die Krankheit bei Jungen wesentlich häufiger als bei Mädchen diagnostiziert wird. Kinder mit ADHS fallen Ihren Eltern manchmal schon durch häufiges Schreien im Babyalter auf, die Diagnose erfolgt aber meistens erst im Schulalter.

Eine Aufmerksamkeitsdefizitstörung ohne Hyperaktivität bleibt dagegen oft auch in der Schule unerkannt, da sich diese Kinder meist angepasst und still verhalten. Aber auch sie leiden unter Wahrnehmungs- und Konzentrationsschwächen, welche sie dauerhaft beim Lernen behindern.

Auch Erwachsene können noch unter ADHS leiden, allerdings verlieren sich viele Symptome mit der Pubertät und mit dem Eintritt ins Erwachsenenalter. Außerdem gelingt es vielen Erwachsenen, ihren erhöhten Bewegungsdrang beispielsweise mit sportlichen Aktivitäten oder bewegungsintensiven Berufen zu kompensieren. Erwachsene mit ADHS werden wahrscheinlich eher eine praktische Berufsausbildung wählen, welche Ihren Interessen entspricht, als ein Studium mit hohem Theorieanteil. Dabei zeigen wissenschaftliche Studien auf, dass Kinder mit ADHS, die von Ihren Eltern und anderen engen Bezugspersonen gelernt haben Ihre individuellen Besonderheiten als Stärken zu begreifen, im Erwachsenenalter ein glücklicheres Leben führen.

Welche Ursachen für ADHS gibt es?

ADHS ist eine neurobiologische Funktionsstörung im Gehirn, wobei die genauen Ursachen für die fehlerhafte Informationsverarbeitung im Nervensystem noch ungeklärt sind. Es liegt also eindeutig kein Erziehungsfehler der Eltern vor. Eltern von Kindern mit ADHS haben oft mit genau diesem Vorurteil in ihrem Umfeld zu kämpfen. Gerade Außenstehende und selbsternannte Experten sind besonders schnell im Urteilen, ohne die genauen Lebensumstände zu kennen. Man wirft den Eltern leichtfertig vor, dass sie ihrem Kind nicht genug Grenzen setzen und dieses dadurch über die Stränge schlägt. Dabei brauchen gerade diese Familien unsere Unterstützung, denn die Kinder leiden schon genug an ihren

Symptomen und die Eltern sind häufig an ihrer körperlichen und psychischen Belastungsgrenze angelangt.

Leider ist es so, dass bei Geschwisterkindern ein höheres Risiko vorliegt ebenfalls an ADHS zu erkranken, daher wird eine genetische Komponente vermutet. Das belastet betroffene Familien zusätzlich. Ebenso zählen Kinder mit Hochbegabung, verminderter Intelligenz und Kinder, die aufgrund anderer Krankheiten Medikamente einnehmen zu den Risikogruppen.

Psychosoziale Einflüsse sind nicht ursächlich für ADHS verantwortlich, allerdings können sie als Verstärker auf den Krankheitsverlauf wirken. Drogen-, Alkohol- und Nikotinmissbrauch der Mutter in der Schwangerschaft sowie Sauerstoffmangel bei der Geburt des Kindes können zu einem schwereren Verlauf von ADHS beitragen. Außerdem können alle herausfordernden Umweltbedingungen, mit denen die Kinder während ihrer Entwicklung konfrontiert sind, die Ausprägung der Symptome verstärken. Dazu gehören mangelnde Sicherheit und Geborgenheit innerhalb der Familie, psychische Erkrankungen der Eltern, aber auch Erziehungsfehler wie Inkonsequenz, fehlende oder zu strenge Regeln.

Welche Symptome zeigen Kinder mit ADHS?

Die betroffenen Kinder leiden unter Verhaltensauffälligkeiten hauptsächlich in den folgenden drei Bereichen:

- Aufmerksamkeit: Die betroffenen Kinder haben Schwierigkeiten, sich auf eine Aufgabe zu konzentrieren, sie lassen sich leicht ablenken und bringen Aufgaben oft nicht zu Ende.

- Impulskontrolle: Die betroffenen Kinder sind schnell erregbar und besonders reizbar, sie integrieren sich schlecht in Gruppen und feste Strukturen.

- Bewegungsdrang: Die betroffenen Kinder zeigen eine extrem hohe Aktivität und sind nicht fähig, ruhig zu sitzen oder Phasen der Stille auszuhalten.

Weitere Symptome können Störungen in den sozialen Beziehungen zu anderen Kindern und zu Erwachsenen, mangelndes Selbstbewusstsein und Lernstörungen sein. Oft sind diese aber Folgeerscheinungen der Hauptsymptome.

Das verträumte Kind

Wie erfolgt die Behandlung von ADHS?

Die Behandlung von ADHS kann sowohl mit als auch ohne Medikamente erfolgen. Eine nicht-medikamentöse Therapie zielt v.a. auf die Gestaltung der Umweltbedingungen ab. Dazu gehören Aufklärung und Intervention im schulischen Umfeld, damit die Betroffenen als hilfebedürftige Kinder statt als Störenfriede wahrgenommen werden. Durch diese veränderte Wahrnehmung und Akzeptanz der Mitschüler*innen und Lehrer*innen tritt oft schon eine erhebliche Besserung der Symptomatik ein. Außerdem können kleine Veränderungen wie ein reizärmerer Sitzplatz ganz vorn und regelmäßige Impulse z.b. in Form von Berührungen an der Schulter durch die Lehrkräfte helfen. Auch wird die Familie beim Umgang mit den Kindern unterstützt und bei Bedarf geschult.

Bei einer medikamentösen Therapie erhalten die betroffenen Kinder und Jugendlichen häufig den Wirkstoff Methylphenidat, welcher umgangssprachlich als Ritalin bezeichnet wird. Dieser Wirkstoff kann das Ungleichgewicht der Botenstoffe im Gehirn regulieren und lindert so die Symptome der Erkrankung. Aufgrund von Nebenwirkungen müssen die Kinder- und Jugendärzt*innen hier Risiken und Nutzen von Methylphenidat genau abwägen. Manchmal ist eine leidensfreie Teilnahme am Schulunterricht und am normalen Familienalltag jedoch nur mit dieser medikamentösen Unterstützung möglich. auflösen.

3.5. Abgrenzung zu Hochsensibilität

Vorweg möchte ich betonen, dass Hochsensibilität im Gegensatz zu ADHS keine Krankheit ist. Es ist eine Persönlichkeitseigenschaft, welche daher auch nicht wegtherapiert werden kann und soll. Vielmehr geht es darum, Hochsensibilität als Stärke zu erkennen, die Ihrem Kind oder auch Ihnen selbst neue Möglichkeiten für ein glückliches selbstbestimmtes Leben eröffnet. Dafür ist es jedoch notwendig, diese Persönlichkeitseigenschaft anzuerkennen und individuelle Umweltbedingungen für Wachstum, Entwicklung und Regeneration zu schaffen. Aus eigener Erfahrung kann ich bestätigen, dass Menschen mit Hochsensibilität schnell überfordert sind, wenn sie sich nicht vor Reizüberflutung schützen.

Was ist Hochsensibilität?

Hochsensible Menschen nehmen Reize aus ihrer Umwelt vielfältiger und deutlicher wahr, sie reagieren darauf sensibler und gefühlsbetonter als andere Menschen. Dadurch ist diese Persönlichkeitseigenschaft eine Gabe und gleichzeitig eine Herausforderung, für betroffene Kinder und ebenso für deren Eltern.

Die Ursache für Hochsensibilität ist im Nervensystem zu finden. Dabei ist es noch weitgehend unerforscht, warum dessen Filter eine erhöhte Empfänglichkeit für innere und äußere Reize aufweist.

Das verträumte Kind

Durch das intensive Wahrnehmen von Sinnesreizen kann bei Menschen mit Hochsensibilität schnell eine Übererregung eintreten, die sich bei Kindern eben auch in einer Konzentrationsstörung äußern kann.

Hochsensible Kinder nehmen ihre Umwelt intensiver wahr und sind dadurch oft besonders kreativ und empathisch, aber auch viel schneller überreizt als normalsensible Kinder.

In den letzten Jahren wird zusätzlich der Begriff „gefühlsstarke Kinder" verwendet. Hier sind v.a. Kinder gemeint, welche nicht nur besonders sensibel auf ihre Umwelt reagieren, sondern auch besonders leidenschaftlich, bewegungsfreudig und freiheitsliebend agieren. Meiner Erfahrung nach sind gefühlsstarke Kinder die extrovertierten Hochsensiblen, welche auf eindrucksvolle Weise mit ihrem Verhalten neue Entwicklungsbedingungen einfordern.

Ich gehe im Folgenden auf die wichtigsten Kennzeichen von Hochsensibilität und einige Ansätze für die Erziehung ein. Umfassende Ausführungen zu diesem Thema und viele hilfreiche praktische Tipps für den Alltag finden Sie in meinem Buch „Hochsensible Kinder, besonders & wundervoll". Das Buch enthält außerdem einen Test mit 60 Fragen zum Verhalten Ihres Kindes und viele praktische Anleitungen für Fantasiereisen, Massagen, kreative Tätigkeiten und Spiele für hochsensible Kinder.

Wodurch äußert sich Hochsensibilität bei Kindern?

Sie erkennen Hochsensibilität besonders an den folgenden vier Hauptkriterien:

Überdurchschnittlich starke Sinneswahrnehmungen: Hier ist es unterschiedlich, mit welchen der Sinne ein betroffenes Kind besonders intensiv wahrnimmt, in der Regel sind es mindestens zwei. Die Bandbreite reicht von Lärm- und Lichtempfindlichkeit, von der Sensibilität gegenüber Gerüchen, der Wahrnehmung von feinen Details und kleinen Veränderungen bis hin zur Ablehnung von bestimmten Speisen und Kleidungsstücken.

Überdurchschnittlich ausgeprägte Gefühlswelt: Auch hier werden viele Gefühle besonders intensiv wahrgenommen und geäußert - heftige Wut, tiefe Traurigkeit und ausgeprägte Ängste, genauso wie intensive Freude und starkes Mitgefühl. Gefühlsstarke Kinder reagieren außerdem besonders intensiv auf Lob und Tadel und verweigern sich oft bei großer Strenge, Hetze und Regeln, welche sie nicht verstehen.

Überdurchschnittlich starke Empathiefähigkeit: Hochsensible Kinder sind kleine Empathen, die sich besonders gut in andere Menschen hinein fühlen können. Sie haben oft ein hohes Harmoniebedürfnis und leiden besonders unter Konflikten und Kritik. Außerdem besitzen sie meist ein gut ausgeprägtes

Gerechtigkeitsempfinden und spüren ein großes Mitgefühl mit anderen Kindern, Tieren und Pflanzen.

Ungewöhnliche Tiefgründigkeit: Hochsensible Kinder wirken für ihr Alter oft besonders reif und fast schon weise, manchmal auch altklug. Sie beschäftigen sich intensiv mit außergewöhnlichen Themen und tiefgründigen spirituellen Fragen, beispielsweise was nach dem Tod passiert. Außerdem zeigen sie meist eine ausgeprägte Fantasie, kreative Begabungen und ausgeprägte Interessen.

Welche Erziehung brauchen Kinder mit Hochsensibilität?

Da Kinder mit Hochsensibilität nicht krank sind, brauchen sie eben auch keine Behandlung. Sie als Eltern können trotzdem viel dafür tun, damit sich Ihr vielleicht hochsensibles Kind in seiner Haut wohlfühlt und sich optimal entwickeln kann. Sorgen Sie für Ihr Kind, indem Sie

- störende Reize aus der Umgebung so weit wie möglich reduzieren
- genügend Phasen der Stille im Tagesablauf schaffen
- Vorlieben und Abneigungen beispielsweise gegenüber Kleidungsstücken oder Speisen akzeptieren

- Ihr Kind auf neue Situationen langfristig und schonend vorbereiten
- es mit ganz viel Liebe erziehen, ohne Strafe und Härte
- ihm bei auftretenden Ängsten immer wieder Sicherheit vermitteln
- sichere Grenzen setzen, ohne zu schimpfen
- ihm immer wieder zeigen, dass Sie es so lieben, akzeptieren und achten wie es ist
- alle Gefühle Ihres Kindes annehmen
- seine besonderen Begabungen fördern

Wenn Sie ein hochsensibles Kind vor Reizüberflutung schützen und ihm immer wieder zeigen, dass Sie es genau so lieben wie es ist, dann hat es in der Regel keine Probleme, sich zu konzentrieren. Im Gegenteil, es wird sich mit den Themen, die es interessieren besonders intensiv und sorgfältig auseinandersetzen.

4. Lösungsansätze für Konzentrationsstörungen

4.1. Konzentration braucht frische Energie

Wenn sich Ihr Kind öfter erschöpft und energielos fühlt, steht seinem Gehirn wahrscheinlich auch beim Lernen nicht genügend Energie zur Verfügung. Vielleicht kennen Sie solche Phasen aus dem eigenen Arbeitsalltag, ich denke hier z.B. an das sogenannte Mittagstief, während dem unser Körper auf Verdauung ausgerichtet ist und für konzentriertes Arbeiten viel zu träge scheint. Wahrscheinlich fühlen Sie sich nicht nur nach einer schweren Mahlzeit, sondern auch nach einer schlaflosen Nacht nicht besonders leistungsfähig. Genauso kann ein Flüssigkeitsmangel Kopfschmerzen und Konzentrationsschwierigkeiten zur Folge haben. Die folgenden Punkte zeigen Ihnen Stellschrauben im Alltag Ihres Kindes auf, die sich positiv auf seine Konzentrationsfähigkeit auswirken können:

Genügend erholsamer Schlaf

Kinder benötigen deutlich mehr Schlaf als Erwachsene. Schulanfänger mit sechs Jahren brauchen bis zu 12 Stunden Schlaf und manchmal noch zusätzlich einen Mittagsschlaf. Im Alter von sieben bis zwölf Jahren sind ca. 10 bis 11 Stunden Schlaf empfehlenswert. Dabei kommt es natürlich nicht nur auf die Menge des Schlafes an, sondern auch darauf, wie erholsam sich dieser gestaltet. Damit sich Ihr Kind im Schlaf bestmöglich erholen kann, sollten Sie folgende Besonderheiten beachten:

- Achten Sie darauf, dass Ihr Kind mögliche Sorgen und Belastungen nicht mit ins Bett nimmt. Sie können mit ihm beispielsweise eine Sorgenkiste basteln und bunt bemalen oder bekleben, in die es seine Sorgen vor dem Abendessen hineinlegt. So kann es Dinge, die es belasten oder Aufgaben, die morgen noch erledigt werden müssen, auf einen Zettel schreiben oder malen und dann klein zusammenfalten. Sie können Ihr Kind auch zu einer Fantasiereise anleiten, in der es seine Sorgen in einen Luftballon hineinbläst und diesen aufsteigen lässt oder auf eine Wolke setzt und diese mit dem

Das verträumte Kind

Wind davonziehen lässt. Ein Beispiel für eine solche Fantasiereise inklusive Einleitung und Ausklang finden Sie im Kapitel 5.5.

- Achten Sie darauf, dass Ihr Kind mindestens eine, besser zwei Stunden vor dem Schlafengehen nichts mehr isst. Ansonsten arbeitet das Verdauungssystem nachts auf Kosten der geistigen und körperlichen Regeneration. Falls doch mal ein Hüngerchen vor dem Schlafengehen auftritt, achten Sie auf leicht verdauliche Speisen wie beispielsweise Reiswaffeln. Obst und Gemüse sind zwar gesund, aber als späte Mahlzeit völlig ungeeignet, da sie die ganze Nacht im Magen Ihres Kindes vor sich hin gären und sogar Fuselalkohole bilden können. Und nach einer „durchzechten Nacht" kann man sich eben gar nicht gut konzentrieren.

- Halten Sie Ihr Kind unmittelbar vor dem Schlafengehen von Bildschirmen fern. Zum einen hemmt das Licht der Bildschirme die Ausschüttung von Schlafhormonen. Zum anderen bergen Medien wie das Fernsehen immer die Gefahr einer Reizüberflutung. Die Verarbeitung der zahlreichen neu aufgenommenen Reize kann die Schlafqualität Ihres Kindes erheblich mindern oder bei sensiblen Kindern sogar Albträume verursachen.

- Führen Sie stattdessen ein Einschlafritual ein. Gehen Sie dabei auf die Wünsche, Vorlieben und Bedürfnisse Ihres Kindes ein. Mag es Geschichten oder Musik? Liebt es Hörbücher oder Geschichten zum Einschlafen? Hat es Lieblingslieder, die es gerne zusammen mit Ihnen singt? Falls Ihr Kind immer wieder das gleiche Buch oder Märchen vorgelesen bekommen mag, dann lassen Sie sich darauf ein. Wiederholungen fördern das Gefühl von Sicherheit und Sicherheit ist das beste Schlafmittel überhaupt. Achten Sie bei den klassischen Märchen bitte auch darauf, dass diese oft gruselige Inhalte wie Gefressen-werden oder Alleingelassen-werden enthalten. Das kann bei sensiblen Kindern zu Albträumen führen.

Gesunde Ernährung

Eine gesunde, ausgewogene Ernährung erhält die körperliche und geistige Leistungsfähigkeit Ihres Kindes. Wenn Sie die Konzentrationsfähigkeit ihres Kindes mit einer ausgewogenen Ernährung unterstützen wollen, können folgende Tipps hilfreich sein:

- Besonders vor dem Lernen sollten Kinder keine schwer verdaulichen Speisen wie Fleisch und Milchprodukte mit hohem Fettanteil zu sich nehmen. Dafür benötigt die

- Verdauung zu viel Energie, welche Ihrem Kind dann beim Konzentrieren fehlt.

- Verzichten Sie wann immer es möglich ist auf Fertigprodukte, denn diese enthalten oft Zusatzstoffe, welche die Konzentration von Kindern erheblich stören können.

- Viele Kinder reagieren besonders sensibel auf Zucker. Ersetzen Sie Industriezucker wann immer es möglich ist mit der natürlichen Süße von Trockenobst und ähnlichem. Vermeiden Sie v.a., dass Ihr Kind zwischen den Mahlzeiten nascht. Verlegen Sie die süßen Naschereien, auf welche Ihr Kind nicht verzichten mag, lieber ans Ende einer Mahlzeit. Dann ist es schon gesättigt und isst wahrscheinlich keine großen Mengen davon. Damit vermeiden Sie den Teufelskreis der Unterzuckerung, welcher u.a. auch Zappeligkeit und Konzentrationsstörungen verursacht.

- Ähnlich verhält es sich mit Weißmehlprodukten. Auch diese können eine Unterzuckerung und damit Konzentrationsprobleme hervorrufen, wenn sich eine Mahlzeit allein daraus zusammensetzt. Die geliebte Laugenbretzel lässt sich allerdings gut mit frischem Gemüse kombinieren, das Obst mit Nüssen und die Kekse mit Mandelmus. Auf diese Weise werden zu große Schwankungen des Blutzuckerspiegels vermieden.

- Kinder benötigen für Konzentrationsleistungen jede Menge Energie und Vitalstoffe. Füllen Sie diese Reserven immer wieder mit frischen unverarbeiteten Lebensmitteln auf. Bieten Sie Ihrem Kind Obst und Gemüse in appetitlichen Happen an. Gehen Sie dabei auf seine Vorlieben ein. Vielleicht schneiden Sie mal sein Lieblingsgemüse in Sticks und machen einen Quark- oder Joghurtdip dazu? Meine Töchter mochten es besonders, wenn ich ihnen Krönchen aus Radieschen geschnitten habe.

Genügend trinken

Im Alter von 6 bis 10 Jahren sollten Kinder ca. einen Liter täglich trinken. Am besten eignet sich stilles Wasser, welches Sie in einer schönen Trinkkaraffe anbieten können. Vielleicht legen Sie ein paar Steine wie Bergkristall oder Rosenquarz hinein, das macht es nicht nur attraktiver, sondern auch schmackhafter. Auch ein paar Scheiben vom Lieblingsobst Ihres Kindes geben dem Wasser einen guten Geschmack. Oder Sie bemalen die Karaffe mit einer motivierenden Aufschrift, beispielsweise „Energiewasser" oder „Kraftquelle" oder „Erfolgsbrunnen". Kennen Sie die Experimente von

Das verträumte Kind

Dr. Masaru Emoto? Er beschriftete Wasser u.a. mit den Worten „Liebe" und „Hass" und fror es anschließend ein. Während das Wasser mit der Aufschrift „Liebe" wunderschöne Kristalle bildete, entstanden beim Wasser mit der Aufschrift „Hass" unförmige Gebilde. Bestimmt haben Sie oder Ihr Kind noch weitere kreative und lustige Ideen, mit welchen motivierenden Worten Sie das Wasser beschriften können.

Eine solche Karaffe und/oder ein Trinkgefäß, evtl. mit den Lieblingsmotiven Ihres Kindes darauf sollten auch auf dem Arbeitsplatz nicht fehlen. Das motiviert nicht nur zum regelmäßigen Trinken, sondern lädt auch zu kleinen Auftank-Pausen ein.

Dabei sollten Sie süße Getränke wie Fruchtsäfte nicht außerhalb der Mahlzeiten anbieten, denn diese können bei Ihrem Kind ebenfalls eine Unterzuckerung und damit Konzentrationsschwierigkeiten verursachen. Eistee und Softdrinks sollten sowieso eher die Ausnahme sein, da z.b. schon ein 0,3 l Glas Cola so viel Zucker wie 11 Stück Würfelzucker enthält. Indem Sie lieber stilles Wasser bereit stellen, schützen Sie gleichzeitig das Gebiss Ihres Kindes vor Karies. Auch künstliche Süßstoffe schädigen zwar nicht die Zähne, sind aber trotzdem ungesund und können evtl. auch die Konzentrationsfähigkeit negativ beeinflussen.

4.2. Gestaltung und Organisation des Arbeitsplatzes

Schon mit der Gestaltung des Arbeitsplatzes können Sie Bedingungen schaffen, welche Ihr Kind zum Lernen motivieren und v.a. unnötigen Ablenkungen vorbeugen. An welchem Arbeitsplatz würden Sie lieber arbeiten? An einem Schreibtisch, welcher eher unaufgeräumt und unübersichtlich ist, an dem Sie sich erst Platz machen, evtl. sogar die Stifte noch anspitzen und den Radierer erst suchen müssen? Oder setzen Sie sich lieber an den übersichtlichen Schreibtisch am Fenster mit Ausblick ins Grüne, auf dem eine hübsch gestaltete Trinkkaraffe, gespitzte Stifte und vielleicht ein liebevoll angemalter Glücksstein bereit liegt?

Kindgerechter Arbeitsplatz

Spätestens mit Schuleintritt sollte Ihr Kind über so einen hübsch gestalteten, nicht überladenen und übersichtlichen Arbeitstisch an einem ruhigen Ort verfügen. Bei der Einrichtung dieses Arbeitsplatzes können Ihnen die folgenden Erfahrungen helfen:

- Schaffen Sie einen festen Arbeitsplatz, der von der Spielecke getrennt ist und der Ihrem Kind jederzeit für konzentriertes Arbeiten zur Verfügung steht.

- Es sollte genügend Licht, möglichst aus einer natürlichen Lichtquelle oder von einer Tageslichtlampe vorhanden sein, denn dieses hebt die Stimmung und fördert die Konzentration.

- Im Blickfeld Ihres Kindes sollten möglichst keine ablenkenden Reizquellen sein wie Spielzeuge, andere spielende Kinder oder gar der Fernseher. Der Blick ins Grüne aus einem Fenster heraus oder auf ein Bild dagegen wirkt beruhigend und konzentrationsfördernd.

- Auch störende Geräusche von Geräten, Straßenlärm oder Gesprächen sollten dem Arbeitsplatz möglichst fern bleiben.

- Stellen Sie eine Karaffe oder ein hübsches Glas mit Wasser für Trink- und Konzentrationspausen bereit.

- Suchen oder gestalten Sie mit Ihrem Kind einen schönen Handschmeichler, den es beim Konzentrieren in die Hand nehmen kann. Das kann ein Stein oder eine Form aus Holz sein mit angenehmer glatter Oberfläche, abgerundeten Formen und einer Größe, die gut in eine Kinderhand passt.

- Ansonsten sollten nur die benötigten Arbeitsmaterialien auf dem Tisch liegen. Alles andere lenkt die Aufmerksamkeit Ihres Kindes nur unnötig ab.

Ablenkungsfreie Atmosphäre

Schalten Sie nach Möglichkeit alle möglichen Störquellen aus, während Ihr Kind sich auf eine Aufgabe konzentrieren soll. Solche störenden Ablenkungen können folgende Dinge sein:

- Fernseher: Dieser sollte nicht nur während der Hausaufgaben ausgestellt sein, sondern so oft wie möglich, da er Reizüberflutung pur darstellt. Um sich auf ein Thema intensiv einlassen zu können, benötigt ein Mensch ca. 20 Minuten. Spätestens durch die Werbung unterbricht jedoch das Fernsehen die Konzentration auf ein Thema. Ich verzichte schon seit vielen Jahren auf Sendungen mit Werbeunterbrechungen und suche mir stattdessen interessante Sendungen im Internet oder auf DVD.

- Radio: Auch wenn Musik ein großer Motivationsfaktor sein kann, sollten Sie ständige Berieselung durch ein Radio im Hintergrund vermeiden. Setzen Sie stattdessen die

Das verträumte Kind

Lieblingsmusik Ihres Kindes zur Entspannung in den Pausen ein. Manchen Kindern helfen auch Naturgeräusche oder Entspannungsmusik beim konzentrierten Arbeiten an einer Aufgabe. Achten Sie auch hier darauf, dass es keine Unterbrechungen durch Werbepausen wie z.b. bei YouTube gibt.

- Smartphone: Dieses sollte während der Konzentrationsphasen auf jeden Fall aus bleiben, da hereinkommende Nachrichten große Ablenkungen darstellen. Diese Geräte sind technische Werkzeuge, deren Gebrauch erst erlernt werden muss. Gehen Sie dabei am besten mit gutem Beispiel voran, indem Ihr eigenes Handy bei den Mahlzeiten, beim geselligen Beisammensein oder beim Arbeiten ausgeschaltet bleibt. Lernen Sie Ihrem Kind, wie es dieses Gerät nutzen kann, um Informationen zu sammeln und sich zu vernetzen. Zeigen Sie ihm aber auch, dass es eine Welt außerhalb dieser digitalen Kommunikation gibt.

- Familienmitglieder und Freunde: Haben Sie schon mal versucht, eine knifflige Aufgabe zu lösen oder einen schwierigen Text zu verfassen, während es ständig an Ihrer Tür geklopft, jemand den Kopf zur Tür herein gesteckt und etwas gefragt hat? Auch wenn das alles liebe Menschen waren, mussten Sie sich nach jedem Gespräch sicher wieder neu in Ihre aktuelle Aufgabe einarbeiten. Am besten basteln Sie mit Ihrem Kind ein großes Stopp-Schild für seine Tür, das es aufhängen kann, wenn es sich konzentrieren will. Nun müssen Sie nur noch dafür sorgen, dass die Familienmitglieder dieses Schild auch beachten. Übrigens sollte Ihr Kind auch das Recht auf ungestörtes Spiel haben, denn hierbei übt es seine Konzentration und ständige Unterbrechungen stören auch dieses spielerische Konzentrationstraining. Und Sie selbst haben ebenso das Recht auf solche ungestörten Phasen. Reservieren Sie daher mindestens eine halbe Stunde täglich für sich selbst, in der sie konzentriert Ihren eigenen Interessen nachgehen können.

Fester Zeitrahmen

Neben einem festen Arbeitsplatz fördern feste Lernzeiten die Ausprägung von guten Lerngewohnheiten. Legen Sie einen Zeitrahmen für die Hausaufgaben fest. Dieser sollte nicht unmittelbar nach der Schulzeit liegen, denn hier braucht Ihr Kind erst einmal ca. eine Stunde für das Auftanken seiner Reserven mit einer kleinen Mahlzeit und Spiel oder Bewegung.

Feste Zeiten sparen außerdem Energie, denn sie müssen nicht jeden Tag neu ausdiskutiert werden. Stattdessen geben solche

Gewohnheiten und Regeln Ihrem Kind Sicherheit. Und Sicherheit wiederum gibt Ihrem Kind die nötige Ruhe für eine gute Konzentration.

4.3. Pausengestaltung mal anders

Kinder und übrigens auch Erwachsene brauchen einen Wechsel zwischen Anspannung und Entspannung, um sich konzentrieren zu können. Einseitige Anspannung lässt uns schneller ermüden. Kurze Pausen dagegen erfrischen den Geist und lassen die Informationen ins Langzeitgedächtnis sinken. Immer mal wieder 5 Minuten Pause einzulegen, macht die Zeit des Lernens wesentlich effektiver als ein Durchrackern mit stetig nachlassender Konzentrationskraft. Außerdem kann man in den Pausen das Gehirn durch Lüften mit frischem Sauerstoff und durch Trinken mit genügend Flüssigkeit versorgen.

Am besten beginnen Sie die Konzentrationsphase Ihres Kindes gleich mit so einer Pause, damit es entspannt an seine Aufgaben herangehen kann. Ja, Sie haben richtig gelesen, beginnen Sie mit einer Pause. Gerade Kinder, denen das Konzentrieren nicht so leicht fällt, gehen oft schon mit zu viel (Erwartungs)druck an ihre Aufgaben heran. Diese Form der Erregung aber blockiert wiederum die Aufmerksamkeit Ihres Kindes. Das sind keine guten Startbedingungen, deshalb sollten Sie die Konzentration gleich zu

Beginn durch eine kurze Übung anregen, welche Ihrem Kind Freude bereitet und die Erregung abfließen lässt.

Folgende Anregungen für die Pausengestaltung dauern nur 3 bis 5 Minuten. Sie stimulieren den Vagusnerv und eignen sich daher besonders gut für den Beginn einer Konzentrationsphase und für zwischendurch:

- ein Lieblingslied anstellen und laut mitsingen oder mitsummen

- auf einem Gymnastikball wippen, eine Möglichkeit zum Schaukeln finden oder auf einem Trampolin springen

- mit einem Schluck Wasser eine Weile gurgeln, bevor man es hinunter schluckt

- den ganzen Körper schütteln, gerne zu schneller Musik, dafür schulterbreit stehen, die Knie weich machen und alle Körperteile einbeziehen

- zu einer Lieblingsmusik ausgelassen durch den Raum tanzen

- verschiedene Grimmassen ziehen und dabei lustige Geräusche machen, z.B. die Lippen beim Ausatmen flattern lassen

- die Arme und Beine in alle Richtungen dehnen und dabei herzhaft und laut gähnen

- die hohlen Hände über beide Augen legen, so dass sich die Fingerspitzen auf der Stirn berühren, die Augen schließen und in der Dunkelheit baden lassen

- sich von Mama oder Papa den Rücken kitzeln lassen oder die Schultern sanft massieren oder ein anderes Körperteil, welches Berührung braucht

- Raubkatze spielen, dabei auf allen Vieren durch das Zimmer tigern und das Fauchen nicht vergessen

- die geschlossenen Augen in die Sonne oder zum Licht halten und die nach und nach entstehenden Farben des Augenkinos beobachten

- die Arme eine Minute wie eine Stoffpuppe um den Körper schlenkern lassen

- auf den Rücken legen und mit den Beinen Fahrrad fahren - vorwärts, rückwärts, langsam bergauf, schnell bergab

- Blicksprünge machen: mit den Augen schnell von einem Gegenstand auf dem Schreibtisch durchs Fenster hindurch nach draußen zu einem Baum oder etwas Ähnlichem und wieder zurück wechseln

- auf die Seite legen und ganz eng zusammenrollen wie eine Katze, dann recken und strecken, bevor man wieder aufsteht

- mit den Fingerspitzen das Gesicht vorsichtig massieren oder abklopfen, auch die Ohren und die Haare einbeziehen

- auf den Rücken legen und tief einatmen, beim Ausatmen einen Ton machen, z.b. ein „Aum", diesen so lange wie möglich halten und das Ganze mehrmals wiederholen

- die Hände und die Füße mit einem Igelball massieren oder den Rücken massieren lassen

- mit einem Fuß auf einen Tennisball stellen und diesen hin und her rollen, dabei mal mehr, mal weniger Gewicht darauf geben, dann das Ganze mit dem anderen Fuß wiederholen

- wie ein Frosch ein paar Runden um den Tisch hüpfen und dabei lustig quaken

- wie ein Elefant ein paar Runden um den Tisch stampfen und dabei laut tröten

- mit den Fingerspitzen oder mit der flachen Hand alle Körperteile von Kopf bis Fuß leicht abklopfen wie ein warmer Sommerregen

- mit der flachen Hand von Kopf bis Fuß alle Körperteile zum Boden hin ausstreichen, dabei vorstellen, dass die Spannung in den Boden abfließen darf

- einen Hula-Hoop Reifen um die Hüften schwingen lassen, auch mal an den Armen oder Beinen probieren

Falls Sie Ihr Kind begleiten, machen Sie die Übungen am besten gleich mit, denn das reguliert auch Ihr autonomes Nervensystem und fördert damit Ihre Gelassenheit. Sie werden staunen, wie viel einfacher das gemeinsame Lernen nach solch einer einfachen und hoffentlich lustigen Übung ist.

4.4. Wie Sie Sicherheit im Nervensystem Ihres Kindes schaffen

Im Rückblick auf meine Kindheit muss ich feststellen, dass ich deutliche Konzentrationsstörungen hatte, die aber keiner zu bemerken schien. Wahrscheinlich deshalb, weil meine Leistungen in der Schule nie zu wünschen übrig ließen. Trotzdem hätte ich dringend Hilfe von Erwachsenen gebraucht, denn ich stand ständig unter einem enormen Druck und wies viele der Anzeichen auf, die ich im 3. Kapitel beschrieben habe. Ich machte in Leistungskontrollen viele Leichtsinnsfehler und ärgerte mich sehr darüber. Ich vergaß ständig irgendwelche Arbeitsmaterialien oder Schulaufgaben, einmal vergaß ich sogar meine ganze Schultasche. Ich verlor immer wieder Dinge und war ständig am Suchen, was mir zusätzlichen Stress bereitete. Meine Schusseligkeit brachte mir letztendlich den Spitznamen „Zerstreuter Professor" ein. Ich konnte kaum zwischen wichtigen und unwichtigen Dingen unterscheiden und verlor viel Zeit beim Perfektionieren von Kleinigkeiten. Das hatte zur Folge, dass ich Aufgaben in der angegebenen Zeit nicht fertig bekam oder zu Hause keine Zeit oder Energie mehr für Spiel und Freude mit anderen Kindern übrig blieb. Oft wirkte ich geistig abwesend und starrte Löcher in die Luft. Im Zusammensein mit anderen Menschen fühlte ich mich meist gestresst und von vielen Situationen überfordert. Wurde ich beobachtet oder sollte ich gar Leistungen vor der ganzen Klasse bringen, war ich völlig blockiert und fing manchmal sogar an zu weinen.

Aus heutiger Sicht kann ich sagen, dass viele meiner Probleme und so auch die Konzentrationsstörungen ihre Ursache auf rein biologischer Ebene hatten. Ich spürte einfach nicht genügend Sicherheit in meinem autonomen Nervensystem. Ich hätte Bezugspersonen gebraucht, die mir eine grundlegende Sicherheit vermitteln, damit mein autonomes Nervensystem lernt, sich nach stressigen Situationen wieder in einen entspannten Modus zu regulieren. Stattdessen schwankte ich ständig zwischen Erregung und Erstarrung, beides auf Dauer sehr unangenehme Zustände.

Es war sehr erleichternd zu erkennen, dass viele Ängste, Hemmungen und andere Hürden gar nicht psychischer Natur sind, sondern ihre Ursache in der Regulation des autonomen Nervensystems haben. Das ist meiner Erfahrung nach auch der Grund dafür, warum

Veränderungen allein durch neues Denken nicht möglich sind. Wenn wir bei uns oder bei unseren Kindern dauerhafte Veränderungen erreichen wollen, müssen wir unseren Körper mitnehmen.

Aus diesem Grund liegt es mir sehr am Herzen, Ihnen ein paar wichtige Werkzeuge mitzugeben, die Ihnen dabei helfen, Ihren Kindern Sicherheit, Vertrauen und Geborgenheit auf der Ebene des Nervensystems zu vermitteln. Denn das ist das beste Fundament für alle Entwicklungs- und Lernprozesse, für entspannte Konzentration, aber auch für Regeneration und Selbstheilung.

Übungen für den Vagusnerv

Einen wichtigen Schlüssel dafür haben Sie schon kennengelernt - die Vagus-Übungen aus dem Kapitel über die Pausengestaltung, welche die Regulation des Vagusnervs anregen. Der Vagusnerv ist der wichtigste Nerv unseres autonomen Nervensystems. Er wird auch als Selbstheilungsnerv bezeichnet. Er ist für alle entspannten Zustände im Körper verantwortlich und für die Wiederherstellung von Entspannung nach Erregungszuständen, kann aber auch negative Gefühle hervorrufen, welche im Erstarrungsmodus unseres Nervensystems entstehen.

Wann immer sich Ihr Kind also zu aufgeregt oder gestresst fühlt, um sich konzentrieren zu können, führen Sie eine dieser kurzen

Übungen mit ihm durch. Am besten machen Sie selbst gleich mit, denn Nervensysteme können einander mit Erregung anstecken, aber auch mit Entspannung. Daher können Sie die Vagus-Übungen aus dem letzten Kapitel auch immer mal wieder in den Tagesablauf Ihres Kindes einflechten, um die Regulation seines Nervensystems anzuregen und das Gefühl von Sicherheit zu vertiefen. Finden Sie heraus, welche der Übungen Ihrem Kind besonders gut tun. Hier stelle ich Ihnen noch ein paar weitere lustige Übungen vor, welche sich besonders für den Schulweg oder einen Spaziergang eignen und einen entspannten Zustand des Vagusnervs und damit die Konzentration fördern:

- jede Möglichkeit zum Balancieren nutzen, z.B. eine Bordsteinkante, einen Baumstamm oder ein niedriges Geländer

- statt normalem Gehen mal Hopserlauf machen, Stampfen oder rückwärts Gehen

- mit offenem Mund über schöne Dinge wie eine Blume staunen und laut „Wow" sagen

- den Blickkontakt zu anderen Menschen suchen und diese anlächeln, oft kommt sogar ein Lächeln zurück

- einen Baum mit beiden Händen umarmen und spüren, wie er sich anfühlt oder lauschen, was er zu „sagen" hat

- immer mal wieder barfuß auf verschiedenen Untergründen gehen
- sich ins Gras legen und die Wolken beobachten und deren Form beschreiben, sich vielleicht sogar Wolkengeschichten ausdenken
- beim Gehen die Arme überschwänglich baumeln lassen
- und natürlich alles was zum lachen bringt

Urvertrauen und Sicherheit

Durch die Vagus-Übungen lernt das Nervensystem Ihres Kindes lernt v.a., zwischen Erregung und Entspannung hin und her zu pendeln. Diese Fähigkeit des Pendelns ermöglicht Ihrem Kind einen gesunden Umgang mit Stress, was man auch als Resilienz bezeichnet.

Doch darüber hinaus benötigt Ihr Kind von Ihnen als Eltern noch eine dauerhafte grundlegende Sicherheit. Es braucht Wurzeln, mit denen es fest im Leben stehen kann - ein Urvertrauen, das es auch durch schwierige Situationen trägt. Um so ein Urvertrauen zu entwickeln, sind einige wichtige Voraussetzungen notwendig. Die wichtigste aber ist, dass sich Ihr Kind von Ihnen so geliebt fühlt wie es ist. Wenn es in seiner Kindheit erlebt, dass es genauso okay ist wie es ist, mit allen Schwächen und Stärken, dann trägt es dieses Gefühl des Urvertrauens durch sein ganzes Leben.

Wenn ein Kind jedoch erlebt, dass es beispielsweise für seine Gefühle oder eine seiner Persönlichkeitseigenschaften von einer engen Bezugsperson abgelehnt wird, so nimmt es das als Bedrohung wahr. Je kleiner Ihr Kind ist, umso mehr Situationen können sein Nervensystem überfordern. Für ein Baby kann es schon lebensbedrohlich sein, für eine Weile in einem Raum alleingelassen zu werden. Je länger es schreit, ohne dass eine Reaktion erfolgt, umso bedrohlicher nimmt es die Situation wahr.

Besonders die ersten drei Lebensjahre sind für die Ausbildung des Urvertrauens wichtig. In dieser Zeit sind Kinder besonders hilflos und ihr Überleben ist in allen möglichen Situationen von den Reaktionen der Eltern abhängig. Wenn Sie in den ersten Lebensjahren stabile Zuwendung und ein dauerhaftes Gefühl von Angenommensein erfahren, ist der Grundstein für ein glückliches Leben mit einem gut regulierten Nervensystem gelegt. Aber auch noch in den Jahren danach sind Kinder sehr abhängig von dem, was ihnen Eltern mit auf den Weg geben.

Setzen Sie also ein sicheres Fundament, auf welches Ihr Kind aufbauen kann. Ein Fundament, auf dessen Grundlage Ihr Kind sein volles Potential entfalten kann. Die Grundlage für jede psychologische Stabilität und natürlich auch für konzentriertes Lernen. Wie

Das verträumte Kind

Sie Ihr Kind bei der Ausprägung eines starken Urvertrauens und innerer Sicherheit unterstützen können, erfahren Sie in den folgenden Anregungen:

- Sorgen Sie gut für sich selbst. Wann immer Sie sich sicher und entspannt fühlen, können Sie dies auch auf Ihr Kind übertragen. Denken Sie daran, dass Nervensysteme sich gegenseitig anstecken.

- Zeigen Sie Ihrem Kind durch liebevolle Berührungen, dass es in Sicherheit ist. Auch beim konzentrierten Üben kann eine liebevolle Hand auf der Schulter oder auf dem Rücken des Kindes helfen.

- Sprechen Sie mit entspannter Stimme. Wenn Sie selbst entspannt sind, pegelt sich Ihre Aussprache auf einer natürlichen Stimmlage und ein gemäßigtes Sprechtempo ein. Das gibt Ihrem Kind Geborgenheit. Unnatürlich hohe Stimmlagen und schnelles Sprechtempo dagegen signalisieren dem Nervensystem Gefahr und bringen Ihr Kind evtl. in Erregungszustände.

- Loben Sie Ihr Kind nicht nur für erbrachte Leistungen. Loben Sie es stattdessen dafür wie es ist, z.B. für seine Fröhlichkeit, seine Fantasie oder seine Lebendigkeit.

- Sprechen Sie fünfmal mehr über seine Stärken als über seine Schwächen. Der US-amerikanische Psychologe John Gottman fand heraus, dass es fünf positive Erlebnisse braucht, um eine negatives Erlebnis wieder aufzuheben.

- Zeigen Sie ihm unbedingt auch, dass Sie es lieben, wenn es gerade nicht den Erwartungen der Anderen entspricht. In diesen Momenten braucht es Ihre Liebe am meisten.

- Akzeptieren Sie alle Gefühle Ihres Kindes. Auch die Gefühle, die Sie selbst nur schwer ertragen können, beispielsweise Angst oder Traurigkeit. Versuchen Sie nicht, diese Gefühle wegmachen zu wollen. Zeigen Sie Ihrem Kind stattdessen, dass Sie da sind und ihm Sicherheit geben. Dann können diese Gefühle von allein abfließen. Unterdrückte Gefühle dagegen können ein Kind stark belasten, was Konzentrieren fast unmöglich macht.

- Versuchen Sie, auf Wutanfälle Ihres Kindes gelassen zu reagieren, denn hiermit zeigt es Überforderung an. Atmen Sie ein paar Mal tief durch und setzen Sie sich in seine Nähe. Demonstrieren Sie ihm mit ruhiger Körperhaltung: Ich bin da und warte darauf, dass du dich beruhigt hast.

- Überlegen Sie sich am besten gemeinsam mit Ihrem Partner oder anderen festen Bezugspersonen, welche Regeln Sie

Ihrem Kind setzen wollen. Wählen Sie nur Regeln, die sinnvoll sind und welche Sie auch durchsetzen können. Besprechen Sie diese Regeln mit Ihrem Kind und setzen Sie sie dann konsequent durch. Stabile Regeln geben Ihrem Kind Geborgenheit.

- Geben Sie Ihrem Kind Sicherheit, indem Sie Nein meinen, wenn Sie Nein sagen und Ja meinen, wenn Sie Ja sagen. Das demonstriert ihm Verlässlichkeit.

- Achten Sie die Grenzen Ihres Kindes, v.a. seine Selbstbestimmung über seinen Körper. Verletzen Sie es aber auch nicht mit harten Worturteilen. Wenn Ihnen im Stress eine solche Grenzverletzung passiert ist, scheuen Sie sich nicht, sich bei Ihrem Kind dafür zu entschuldigen.

- Zeigen Sie Ihrem Kind alle Arten von Liebe. Der US-amerikanische Paarberater Gary Chapman unterscheidet in seinem Buch vier verschiedene Arten, um seine Liebe zu zeigen: Anerkennung mit Worten geben, gemeinsame Zeit verbringen, einander helfen und Geschenke. Ein ausgewogenes Verhältnis dieser Liebesarten ist ebenso eine gute Basis für eine stabile Eltern-Kind-Beziehung.

- Geben Sie Ihrem Kind durch feste Rituale und gewohnte Abläufe Sicherheit. Beginnen Sie zum Beispiel eine Übung immer mit dem gleichen Ton einer Klangschale oder eines Instrumentes. Entwickeln Sie weitere Rituale für Übergänge, z.b. eine bestimmte Körpersprache für Abschiede, Begrüßungen und Pausen. Finden Sie Familienrituale für gemeinsam verbrachte Zeiten und v.a. für Feste und Feiern, auf die sich Ihr Kind schon im Vorhinein freuen kann.

- Geben Sie der Dankbarkeit einen festen Platz in Ihrem Leben. Lassen Sie beispielsweise jedes Familienmitglied am Abend 3 Dinge nennen, für die es dankbar ist. Oder Sie kaufen schön gestaltete Dankbarkeitstagebücher, in welche Sie jeden Tag etwas hineinschreiben. Das müssen nicht immer große Dinge sein, oft erfreuen kleine Begebenheiten das Herz besonders, wenn wir sie bewusst wahrnehmen, wie beispielsweise eine nette Begegnung auf der Straße oder der Gesang eines Vogels.

4.5. Das Wecken von Eigenmotivation und Neugier durch spielerische Elemente

Kennen Sie das? Sie müssen eine Aufgabe erledigen, für die Sie keinerlei Interesse haben, beispielsweise den Lohnsteuerjahresausgleich. In solchen Fällen ist es schon schwierig, überhaupt damit anzufangen. Wahrscheinlich werden Sie andere Aufgaben vorschieben, selbst das Putzen der Wohnung erscheint auf einmal wichtiger.

Das verträumte Kind

Bei unliebsamen Aufgaben ist Eigenmotivation eine entscheidende Hürde, schon die Vorbereitung gestaltet sich zäh und oft braucht es einen großen Kraftaufwand, um bei der Erledigung wirklich dran zu bleiben und die Sache zu einem guten Ende zu bringen. Wahrscheinlich hilft noch der Ausblick auf eine Belohnung, die Freude macht am meisten.

Ihrem Kind ergeht es wahrscheinlich mit vielen Schulaufgaben ähnlich. Es hat kein Interesse an diesem Thema oder es ist durch zahlreiche Misserfolge auf diesem Gebiet schon von vornherein demotiviert. Aber ohne Freude an einer Sache ist konzentriertes Dranbleiben ein echtes Problem.

Durch die folgenden Tricks und Kniffe kann es Ihnen trotzdem gelingen, Ihr Kind zu motivieren und seine natürliche Neugier zu wecken. Wenn Kinder sich selbst Wissen aneignen, z.B. im Spiel oder beim Forschen in der Natur sind Sie oft erstaunlich konzentriert. Nutzen Sie diese intuitiven Fähigkeiten, um Ihr Kind auch für schwierige Aufgaben zu begeistern:

Aufgliedern in verschiedene Teilaspekte

Gliedern Sie die Aufgabe in verschiedene Teilstücke. Jetzt darf Ihr Kind wählen, womit es beginnen will. Wenn es mit etwas beginnen darf, das ihm Freude macht oder einen schnellen Erfolg sichtbar macht, dann steigen Motivation und Konzentration für die folgenden Teilaspekte.

Geschichten als Rahmenhandlung für Aufgaben erfinden

Vielleicht ist es möglich, die Aufgabe in eine Geschichte zu kleiden, welche Ihrem Kind Spaß macht. Die Geschichte sollte Figuren und Themen enthalten, welche Ihr Kind gerade sehr interessieren. So könnte die Lieblingsfigur Ihres Kindes beispielsweise eine schwierige Matheaufgabe lösen, damit sich ein Geheimgang oder eine Schatztruhe öffnet. Mit jeder richtigen Aufgabe kommt sie einen Schritt weiter.

Visualisieren von Teilabschnitten und Erfolgen

Sie können die Geschichte aus dem letzten Abschnitt z.b. noch visualisieren, indem Sie den Geheimgang auf Kästchenpapier aufzeichnen. Er hat dann so viele Kästchen wie Aufgaben gelöst werden müssen. Nach jeder Aufgabe darf Ihr Kind ein Kästchen ausmalen und sieht dadurch, wo es sich gerade befindet und v.a. was es alles schon geschafft hat.

Weitere Möglichkeiten der Visualisierung sind z.B.

Das verträumte Kind

- das Auffädeln von Perlen auf eine Schnur. Wenn die Schnur voll ist, ist die Aufgabe gelöst.

- ein Papierband, auf welches so viele Abschnitte eingezeichnet werden wie es Aufgaben gibt - nach jeder Aufgabe darf Ihr Kind ein Stück abschneiden und sich daran erfreuen, dass das Aufgabenband immer kürzer wird

- das Auffüllen eines durchsichtigen Behälters mit Perlen oder anderen Gegenständen

- der Einsatz einer Sanduhr oder eines Timers für die Visualisierung von Lernzeiten

Bezug zum täglichen Leben finden

Stellen Sie einen Bezug der Aufgaben zum täglichen Leben Ihres Kindes und v.a. zu seinen Interessen her. Machen Sie aus nüchternen Matheaufgaben Sachaufgaben, indem Ihr Kind Dinge zählt und rechnet, die es mag, z.B. Tiere in einem Zoo oder Spielzeuge. Üben Sie das Lesen mit seinem Lieblingsbuch. Schenken Sie ihm ein schön gestaltetes Buch für Schreibübungen mit Platz für eigene Zeichnungen. Motivieren Sie es, schöne oder aufregende Erlebnisse in ein Tagebuch zu schreiben.

Verknüpfen mit geliebten Tätigkeiten

Beziehen Sie Tätigkeiten mit ein, die Ihr Kind sehr mag. Wenn es z.B. gerne malt, darf es nach jedem Teilschritt eine kleine Figur aufs Papier bringen. Das visualisiert gleichzeitig jeden Teilerfolg. Oder es malt die Dinge auf, die es auswendig lernen soll, vielleicht kann es sich diese aufgrund der eigenen Bilder besser merken. Vielleicht hilft es ihm auch, wenn es eine Melodie dazu singt. Oder dabei laut vor sich hin spricht, das erhöht die Konzentration erheblich. Wenn Ihr Kind gerne bastelt, kann es nach jedem Teilschritt vielleicht eine Papierkugel an eine Raupe kleben. Oder es steckt einen Stecker in ein Steckspiel. Oder Sie lassen es nach jedem Teilerfolg eine Runde hüpfen, ein kurzes Wackeltänzchen machen oder einen Ton auf einem Instrument erzeugen, welches es besonders mag. Je mehr Freude es an dieser Tätigkeit hat, umso höher wird seine Motivation sein.

Verknüpfen mit Bewegung

Durch Bewegung entsteht Sicherheit im Nervensystem. Bewegungen wie das Gehen, welche abwechselnd auf der rechten und linken Körperseite erfolgen, regen außerdem die Vernetzung beider Hirnhälften an. Vielleicht lernt Ihr Kind ein Gedicht schneller, wenn es dabei auf einer Schaukel sitzt oder durchs Zimmer geht oder bei einem gemeinsamen Spaziergang. Auch Kopfrechnen funktioniert in Bewegung oft besser.

Wenn die Aufgabe konzentriertes Sitzen erfordert, verknüpfen Sie eben die Pausen umso mehr mit lustvollen Bewegungen, z.b. mit den verschiedenen Vagus-Übungen aus dem Kapitel 4.3.

Verknüpfen mit sinnlichen Erfahrungen

Lassen Sie Ihr Kind Lernerfahrungen mit möglichst vielen Sinnen machen. Das ist eine bewährte Methode, mit denen auch viele Ergotherapeut*innen arbeiten. Je mehr Sinne Sie einbeziehen, umso besser wird die Konzentrationsfähigkeit Ihres Kindes angeregt. Gibt es etwas zu tasten? Vielleicht ein Gegenstand, der zum Thema passt oder ein Handschmeichler aus Stein oder Holz. Gibt es etwas zu sehen? Kann das Thema mit Farben oder Figuren veranschaulicht werden? Gibt es etwas zu hören? Vielleicht hilft es, wenn Ihr Kind die Aufgabe laut vorliest oder den Rhythmus eines Gedichtes oder einer Sprachaufgabe mit den Händen auf den Tisch klopft oder dabei auf eine Trommel schlägt. Auf jeden Fall hilft laut vor sich hin sprechen. Vielleicht gibt es sogar etwas zu riechen oder zu schmecken? Manchen Kindern hilft ein Säckchen mit Ihrem Lieblingsduft beim Konzentrieren, welches Sie sich ab und zu unter die Nase halten können. Oder eine Duftlampe mit einem beruhigenden oder aktivierenden Duft. Mehr zur Wahrnehmung mit allen Sinnen finden Sie im Kapitel 4.6. über die sensorische Integration.

Einbindung in eine Spielhandlung

Je jünger Ihr Kind ist, umso mehr spielerische Elemente sollten Sie beim Lernen miteinbeziehen. Machen Sie aus den Aufgaben Rätsel und wecken damit die Neugier Ihres Kindes. Neugier ist einer der stärksten Motoren für das Erlernen von neuen Dingen. Wenn Sie die Gabe haben zu reimen, können Sie die Aufgabenstellung auch in Reimform verpacken. Oder Sie spielen Schule mit verteilten Rollen, die auch mal wechseln dürfen. Oder Sie spielen Mutter, Vater, Kind und der Aufgabentisch ist im Spiel die Arbeitsstelle Ihres Kindes. Oder Sie machen eine Schatzsuche, bei der jede Aufgabe ein Stück näher zum Schatz führt.

Sie können die Aufgaben auch auf verschiedene Zettel schreiben, welche Sie dann als Lose zusammenfalten. Nun kann Ihr Kind der Reihenfolge nach ein Aufgaben-Los ziehen.

Belohnung von Teilschritten

Stellen Sie Ihrem Kind eine Belohnung in Aussicht, die es für das Erledigen von ungeliebten Aufgaben bekommt. Besonders schön sind Belohnungen, die mit gemeinsamen Erlebnissen wie Spielen, Wandern, Basteln usw. verknüpft sind. Für größere Belohnungen wie einen Ausflug kann es auch Perlen in einem Gefäß sammeln, welches dann nach und nach voller wird. Wenn Ihr Kind Kirschen oder andere gesunde Leckereien mag, ist auch eine gustatorische (geschmackliche) Belohnung von Teilschritten möglich.

4.6. Die Welt der Sinneswahrnehmung anregen

Jedes Kind profitiert davon, wenn es seine Welt mit möglichst vielen Sinnen erleben und erfahren darf. Eine differenzierte Sinneswahrnehmung ist die Basis für erfolgreiche Lernerfahrungen. Besonders Kinder mit Sensorischer Integrationsstörung brauchen vielfältige Anregungen bezüglich der Wahrnehmung mit allen Sinnen. Daher habe ich hier ein paar Anregungen zusammen gestellt, wie Sie Ihr Kind ins Reich der Sinne begleiten und damit besonders seine Wahrnehmung und Konzentration fördern können.

- Lassen Sie Ihr Kind viele Dinge seiner Umwelt mit allen Sinnen erfahren. Lassen Sie es z.B. einen Apfel selbst pflücken, daran riechen und die Oberfläche befühlen. Danach darf es den Apfel abwaschen und genießen. Viele Kinder mögen es lieber, wenn die Frucht in kleine mundgerechte Stücke geschnitten wird, dabei erlernt Ihr Kind den praktischen Umgang mit einem Messer oder einem Apfelschneider.

- Schaffen Sie eine Kuschelecke für Ihr Kind mit bequemen Matten, Decken und Kissen. Wenn es weiche oder leichte Materialien nicht mag, können Sie ihm Säckchen oder Kissen mit Reis, Erbsen, Sand o.ä. befüllen. Vielleicht lohnt es sich auch, ihm eine Sanddecke zu kaufen, welche auch gut bei Einschlafstörungen helfen kann.

- Ersetzen Sie industriell gefertigte Spielzeuge, bei denen Ihr Kind nur eine bestimmte Funktion bedienen kann, durch Spielzeug mit Aufforderungscharakter. Diese sollten Ihr Kind zum Experimentieren und Ausprobieren einladen. Oft bietet der Haushalt solche Gegenstände wie Kartons zum Stapeln, verschiedene Gefäße zum Befüllen und Ineinanderstecken. Auch Naturmaterialien sind hervorragend geeignet.

- Verbringen Sie mit Ihrem Kind so viel Zeit wie möglich in der Natur, denn diese bietet immer vielfältige Sinneswahrnehmungen und regt Ihr Kind zum kreativen und ausdauerndem Spielen und Forschen an.

- Lassen Sie Ihr Kind so oft wie möglich barfuß laufen, damit es verschiedene Untergründe mit den Fußsohlen wahrnehmen kann.

- Machen Sie Ihrem Kind Angebote zum Spüren verschiedener Oberflächen wie Bürsten, raue und glatte Materialien,

Das verträumte Kind

z.B. in der Badewanne. Geben Sie ihm Schüsseln mit Reis, Erbsen, Linsen, in denen es mit den Händen wühlen kann.

- Lassen Sie Ihr Kind mit Wasser, Sand und verschiedenen Gefäßen experimentieren und nach Lust und Laune herum matschen.

- Regen Sie Ihr Kind zum Formen mit Ton, Knete oder selbst gemachtem Salzteig aus Salz, Mehl und Wasser an.

- Stellen Sie mit Ihrem Kind ein selbstgemachtes Memory her: ein Tastmemory mit verschiedenen Oberflächen (z.B. Sandpapier, Raufasertapete, Stoff usw.), ein Duftmemory in kleinen Gefäßen (z.B. Watte mit ätherischem Öl betropft oder stark duftende Naturmaterialien wie Kiefernadeln und Lavendelblüten) oder ein Hörmemory, indem Sie verschiedene Materialien zum Schütteln in Überraschungseikapseln füllen.

- Lassen Sie Ihr Kind (evtl. mit verbundenen Augen) verschiedene Speisen am Geruch und/oder am Geschmack erkennen.

- Bieten Sie Ihrem Kind verschiedene Materialien für eine Massage an, z.B. verschieden weiche Schwämme, Bürsten oder einen Igelball. Lassen Sie es selbst herausfinden, was es am liebsten mag.

- Lassen Sie Ihr Kind seine körperlichen Empfindungen spüren und benennen. Finden Sie dafür immer wieder neue Worte wie kribbelnd, strömend, kratzig, wackelig usw. Je besser es seinen Körper spürt, umso besser kann es seine Körperwahrnehmungen differenzieren.

- Zeichnen Sie die Umrisse Ihres Kindes auf eine Tapetenbahn o.ä. und lassen Sie es seine Körperempfindungen und Gefühle mit Farben in die einzelnen Körperteile hinein malen. Stellen Sie ihm dazu Fragen: Wie fühlt sich dein Arm an? Welche Farbe hat dieses Gefühl? Oder: Wo in deinem Körper spürst du die Traurigkeit? Welche Farbe hat die Traurigkeit?

Falls Ihr Kind ausgeprägte Abneigungen gegen bestimmte Materialien oder Tätigkeiten zeigen sollte, zwingen Sie es bitte zu nichts. Zwang und Druck bewirken im Nervensystem Unsicherheit und damit Übererregung. Bieten Sie Ihrem Kind stattdessen Alternativen an, um es zu fördern, aber nicht zu überfordern.

Das verträumte Kind

4.7. Lernen durch Spiel und vielfältige Bewegungserfahrungen

Erinnern Sie sich noch an die Rollen- und Bewegungsspiele aus Ihrer Kindheit? Ich hatte das Glück, auf dem Land groß zu werden. Dort haben wir als Kinder oft Häschen gespielt, uns aus Decken Zelte und Höhlen gebaut, in Baumhäusern versteckt, bei Festen Topfschlagen gespielt und uns verkleidet oder wir sind auf der Suche nach neuen Abenteuern durch den Wald gestreift. An welche Spiele erinnern Sie sich und welche davon haben Sie schon mit Ihren Kindern gespielt?

Entwicklungsmotor Spiel

Kinder brauchen unbedingt die Möglichkeit zu spielen, um sich ganzheitlich entwickeln zu können. Im Spiel mit Gleichaltrigen entwickeln sie nicht nur Selbstbewusstsein, sie erlernen auch spielend soziale Regeln und sie erleben sich v.a. als Gestalter der eigenen Umwelt. Im Spiel erwerben Kinder ganz nebenbei wichtige Handlungskompetenzen wie das Befolgen von Regeln, das Konzentrieren auf verschiedene Tätigkeiten, das Dosieren der Kraft und das Absprechen mit anderen Kindern. Außerdem bewegen sie sich im Spiel auf vielfältige Weise. Da Kinder für die verschiedensten Spiele meist eine hohe Motivation zeigen, sind diese Lernerfahrungen um ein Vielfaches intensiver als beim angeleiteten Unterricht. Leider verdrängen die digitalen Geräte immer mehr das freie Spiel unserer Kinder. Dem sollten Sie als Eltern etwas entgegensetzen. Je mehr unterschiedliche Spielmöglichkeiten Sie Ihrem Kind geben, umso mehr Lernerfahrungen ermöglichen Sie ihm. Lernerfahrungen, die Ihrem Kind auch die besten Lernprogramme für den PC nicht bieten können.

Dabei ist besonders das freie Spiel mit anderen Kindern wichtig für eine gesunde Entwicklung, gerade hier können Sie Ihr Kind oft als Meister der Konzentration beobachten. In den Kapiteln 5.1. und 5.2. finden Sie außerdem Ideen für Spiele, die speziell auf die Konzentration von Vorschulkindern, Schulanfängern und Grundschülern zugeschnitten sind.

Entwicklungsmotor Bewegung

Körperliche Bewegung bei Sport und Spiel bringt nicht nur den Kreislauf Ihres Kindes in Gang und versorgt dadurch sein Gehirn besser mit Sauerstoff, was sich natürlich auch positiv auf seine Konzentrationsfähigkeit auswirkt, sondern stimulieren außerdem das Nervensystem Ihres Kindes. Wussten Sie, dass der Vagusnerv zu etwa 80% aus aufsteigenden Nervenbahnen besteht? Während nur 20% der Informationen vom Gehirn zum Körper gehen, werden dagegen mindestens 80% vom Körper zum Gehirn geleitet. Das bedeutet, dass unser Körper viel mehr über unser Wohlbefinden entscheidet als unser Gehirn und unsere Gedanken. Reiche körperliche Erfahrungen regen also immer auch das Gehirn Ihres Kindes und seine Konzentrationsfähigkeit an. Außerdem ist Bewegung wunderbar geeignet, um Stress abzubauen und Erregung aus dem kindlichen Nervensystem abfließen zu lassen.

Sorgen Sie also wann immer es Ihnen möglich ist dafür, dass Ihr Kind seinen Bewegungsdrang und seine vielfältigen Bewegungsimpulse ausleben kann. Am besten draußen auf dem Spielplatz oder noch besser im Wald. Lassen Sie Ihr Kind klettern, balancieren, etwas schieben und ziehen oder mit Seilen, Bällen und Reifen spielen. Halten Sie auch in der Wohnung Spielgeräte wie einen Hula-Hoop Reifen, ein Mini Trampolin oder eine Fußwippe bereit. Zeigen Sie Ihrem Kind die Spiele Ihrer Kindheit oder probieren Sie gemeinsam neue Spiele aus, welche die unterschiedlichsten Bewegungsformen anregen, einige davon finden Sie im Kapitel 5.4. dieses Buches.

4.8. Tiergestützte Therapie und vielleicht ein Freund fürs Leben

Haben Sie schon mal über ein Haustier nachgedacht? Oder über eine Reittherapie? Oder über eine tiergestützte Kommunikation mit einem Therapiehund? Ein Haustier kann so viel mehr, als sich streicheln zu lassen. Gerade Säugetiere wie Hunde und Katzen stellen Ihrem Kind ein reguliertes Nervensystem zur Verfügung. Vorausgesetzt natürlich, dass sie gesund und unter guter liebevoller Pflege aufgewachsen sind. Sie wissen ja jetzt, dass sich Nervensysteme gegenseitig anstecken können.

Tierhalter nennen dieses Phänomen oft bedingungslose Liebe. Ein Haustier ist einfach da, es strahlt Sicherheit, Geborgenheit und Zuneigung aus. Es ist nicht nachtragend oder bewertend. Ein Kind mit Haustier erfährt eine stabile Bindung und emotionalen Halt. Ein Tier hört geduldig zu, auch wenn die Erwachsenen mal keine Zeit haben. Ich habe schon oft erlebt, dass gerade unruhige Kinder beim Umgang mit Tieren auf einmal konzentriert und behutsam handelten. So ein Haustier gibt Kindern nicht nur Sicherheit, es sorgt auch für die Anregung der sinnlichen Wahrnehmung, es regt vielfältige Bewegungen und das Sprechen an und es gibt Ihrem Kind einen Grund, sein Handy wegzulegen und rauszugehen.

Das verträumte Kind

Wissenschaftliche Studien konnten nachweisen, dass Kinder, die mit Tieren aufwachsen, nicht nur physisch gesünder sind und ein besseres Immunsystem und weniger Allergien haben. Sie sind auch psychisch stabiler und deutlich ausgeglichener in ihrem Handeln. Es gibt inzwischen Klassenzimmer mit Therapiehund und die Erfahrungen zeigen, dass Kinder ihre Aufgaben konzentrierter und ausdauernder lösen, wenn der Hund anwesend ist. Meine Tochter sagt, dass ihr Pferd ihr größter Lehrer ist, weil sie bei ihm authentisch sein kann und sogar muss, wenn es ihr folgen soll. Es gibt wunderschöne Erfahrungsberichte über Kinder mit Autismus oder ADHS, welche durch einen Hund oder eine Katze an ihrer Seite zur Teilnahme am sozialen Leben befähigt wurden.

Natürlich ist die Anschaffung eines Tieres immer mit großer Verantwortung verbunden. Eltern müssen davon ausgehen, dass ihr Kind die Versorgung des Haustieres nicht allein bewältigt. Spätestens wenn Kinder dann nach der Schulausbildung in die weite Welt ziehen, bleibt das Tier wahrscheinlich bei Ihnen zurück. Auch an Urlaube und anderen Reisen muss gedacht werden.

Nicht für jede Familie ist ein Haustier die richtige Entscheidung. Vielleicht gibt es in diesem Fall Tierbesitzer in Ihrer Nähe, bei denen Sie mit Ihrem Kind Zeit verbringen können. Eine Oma mit Hund, einen Pferdehof, einen Therapiehund oder auch eine Schule, wo tiergestützte Kommunikation angeboten wird. Es lohnt sich auf jeden Fall, bei einem solchen Besuch einmal zu beobachten, wie Ihr Kind auf verschiedene Tiere reagiert.

4.9. Anspannung durch Entspannung abbauen, aber wie nur?

Vielleicht haben Sie das Gefühl, dass Ihr Kind nur ein bisschen Entspannung bräuchte, aber Sie haben keine Idee, wie Sie es dabei begleiten können. Wenn Kinder sehr zappelig und überreizt sind, gibt es leider keinen Schalter den Sie umlegen können. Wenn Kinder dagegen einen geringen Muskeltonus haben und eh schon schlaff und erschöpft wirken, kann eine Ruhephase noch mehr in die Erschöpfung führen. In diesem Falle brauchen Kinder nach der Entspannung aktivierende Reize.

Inzwischen wissen Sie schon, dass Ihr Kind unbedingt den Wechsel von An- und Entspannung in seinem Nervensystem braucht, um sich wohl zu fühlen und um für Neues aufnahmebereit zu sein. Daher möchte ich nun ein paar Anregungen mit Ihnen teilen, wie kindgerechte Entspannung funktionieren kann.

Der Weg von An- zu Entspannung

Kinder, die gerade überreizt sind, zappelig und einen hohen Bewegungsdrang zeigen, brauchen dringend eine Ruhephase. Das wird

Das verträumte Kind

aber nicht sofort gelingen. Deshalb sollten Sie Ihr Kind erst einmal dort abholen, wo es sich gerade befindet, nämlich in der Erregung. Damit diese Erregung abfließen kann, braucht ein Kind zunächst körperliche Bewegung. Lassen Sie es jetzt allerdings einfach drauf los toben, dann kann es sein, dass sich seine Erregung noch verstärkt.

Daher sollten Sie diese Bewegung lieber anleiten. Wenn Ihr Kind in den letzten Stunden einfach zu wenig Bewegung hatte, weil es in der Schule saß oder an den Hausaufgaben oder vor dem Bildschirm, dann sollte die nächste sinnvolle Tätigkeit ein Spielplatzbesuch, ein Waldbesuch mit Klettern, Rennen usw., ein Sportspiel oder eine ähnliche bewegungsintensive Erfahrung sein. Wenn Ihr Kind dagegen eigentlich todmüde ist und daher völlig überdreht, dann sollten Sie eine gezielte Bewegungsübung mit ihm machen und es danach direkt in die Entspannung hinüber begleiten.

Schon Osho hat festgestellt, dass v.a. die Europäer eine einleitende Aktivität benötigen, um zur Ruhe zu kommen. Er hat daraufhin zahlreiche aktive Meditationen entwickelt. Ich mag am liebsten die Kundalini Meditation, denn diese vereint die wirkungsvollsten Bausteine für die Ableitung von Erregung: Musik, das Schütteln, das Tanzen und die Stille. Die Musik dazu gibt es als fertige Datei zum Herunterladen, sie beinhaltet 15 Minuten Musik zum Schütteln im Stehen, 15 Minuten freies Tanzen, 15 Minuten Musik zum Ruhen und 15 Minuten Stille mit einem Gongschlag am Ende. Ich habe diese Meditation immer wieder als sehr wirkungsvoll erlebt, besonders wenn sich wieder mal Gefühle in meinem Körper aufgestaut hatten, die angeschaut werden wollten. Falls es also in Ihrem Leben gerade etwas gibt, dass Sie wütend oder traurig macht oder Ihnen Angst einflößt und Sie stresst, probieren Sie diese Meditation gerne mal aus. Sie ist auch gut für größere Kinder ab 12 Jahren geeignet.

Schütteln, Tanzen und Ruhe

Für kleinere Kinder können Sie diese Elemente in einen passenden Rahmen zusammenstellen. Wählen Sie dafür Musik, die Ihr Kind besonders mag und laden Sie Ihr Kind mit den folgenden Bewegungen zum Mitmachen ein:

Zuerst spielen Sie einen lebhaften Musiktitel zum Schütteln. Stellen Sie sich dafür etwa hüftbreit hin, lassen Ihre Knie weich werden und beginnen, sich aus den Knien heraus zu schütteln. Lassen Sie dieses Schütteln auf den ganzen Körper übergreifen. Besonders in den Schultern, Armen und Händen sitzt viel Anspannung, die abfließen will.

Als nächstes spielen Sie einen gut tanzbaren Musiktitel. Jetzt darf Ihr Kind dazu tanzen. Wichtig ist, dass es dafür keine Vorgaben gibt. Jede Bewegung, die aus einem natürlichen inneren Impuls heraus entsteht, ist richtig und gut. Falls Sie mal nicht weiter wissen, stellen Sie sich einfach ruhig hin, bis Ihr Körper den nächsten Bewegungsimpuls zeigt.

Als nächstes folgt ein entspannender Musiktitel, nun darf sich Ihr Kind auf einen Stuhl, einen Sitzsack oder in den Schneidersitz auf den Boden setzen. Es kann sich auch gleich hinlegen. Falls es ihm immer noch schwer fällt, ruhig zu werden, legen Sie ihm dabei eine Hand auf den Bauch und fordern es auf, zu Ihrer Hand hin zu atmen. Sie wird sich mit einer entspannten Atmung etwas heben und senken. Sehr unruhigen Kindern kann es außerdem helfen, wenn Sie diese bei der Entspannung fest in den Arm nehmen oder mit einer schweren Decke zudecken. Spezielle Therapiedecken werden beispielsweise mit Sand oder Plastikbällen gefüllt und geben durch ihre Schwere Sicherheit und Halt.

Weitere Ideen für kindgerechte Entspannungstechniken wie Fantasiereisen und kindgerechtes autogenes Training finden Sie im Kapitel 5.6. dieses Buches.

Körperhaltung

Alle gebeugten Körperhaltungen lassen Spannung abfließen. Sollte Ihr Kind also einen eher erhöhten Muskeltonus haben, dann geben Sie ihm Kissen zum Abpolstern, eine weiche Rolle unter die Knie oder einen Sitzsack zum Einkuscheln. Auch alle zusammengerollten oder embryonalen Haltungen können Spannungen abfließen lassen.

Hat Ihr Kind dagegen zu wenig Körperspannung und eine eher schlaffe Muskulatur, dann können alle geraden Haltungen wie beispielsweise die Shavasana Haltung aus dem Yoga hilfreich sein. Hier liegt Ihr Kind in Rückenlage flach auf einer Unterlage, die Beine sind leicht geöffnet und gerade, die Füße fallen etwas nach außen, sobald die Entspannung eintritt. Die Arme liegen gerade, aber etwas vom Körper abgespreizt, sodass ein kleiner Ball unter die Achselhöhlen passen würde.

Wärme und Kälte

Auch Wärme lässt Spannung abfließen. Achten Sie daher auf eine angenehm warme Raumtemperatur und geben Sie Ihrem Kind daher für eine Entspannungsphase immer etwas zum Zudecken. Am wirkungsvollsten aber ist warmes Wasser. Sie kennen sicher die wunderbar entspannende Wirkung einer warmen Badewanne, vielleicht noch mit einem entspannenden Badezusatz kombiniert. Beim Jahara®, einer Entspannungstechnik im körperwarmen Wasser führt eben diese Wirkung kombiniert mit sicherem Halt zu einer schnell eintretenden Tiefenentspannung.

Kaltes Wasser dagegen wirkt aktivierend, übrigens auch auf den Vagusnerv. Wenn Ihr Kind also schlaff und erschöpft wirkt, kann es sich kaltes Wasser ins Gesicht spritzen oder über die Handgelenke laufen lassen. Sie können ihm auch kaltes Wasser zu Spielen geben oder es bei den Hausaufgaben einen Eiswürfel lutschen lassen.

Aus der Entspannung zurück

Gerade Kinder, die eher ruhig sind oder eine geringe Körperspannung haben, brauchen nach der Entspannungsphase wieder aktivierende Elemente. Da hilft Recken, Strecken, Dehnen und Gähnen, gerne mit Geräuschen verbunden. Auch ein Abklopfen des Körpers, eine kräftige Massage oder tiefes Einatmen und Seufzen können seinen Körper aus der Entspannung wieder zurück bringen, ohne Ihr Kind gleich wieder in eine unangenehme Erregung zu versetzen. Auf diese Weise kann es die innere Ruhe mit an seinen Arbeitsplatz nehmen und möglichst entspannt mit seinen Aufgaben loslegen. Weitere Ideen für aktive Entspannung, Massagen und Bewegungsmöglichkeiten finden Sie den Kapiteln 5.3., 5.4. und 5.6. dieses Buches.

5. Kindgerechte Konzentrationsübungen

Vielleicht ahnen Sie es inzwischen schon, Kinder können wahre Meister im konzentrierten Tun sein, wenn wir unsere Anforderungen, Aufgaben und Übungen eben auch kindgerecht gestalten. Kindgerecht bedeutet v.a. spielerisch, denn das Spiel ist nun mal die Haupttätigkeit des Kindes. Nutzen Sie dafür beispielsweise Rätsel, Brettspiele oder Kartenspiele. Außerdem sollten die Übungen konkret anschaulich sein und immer wieder mit Bewegungen und vielfältigen Sinnesanregungen verknüpft werden. Auf diese Weise wecken Sie die Neugier und Freude Ihres Kindes, die stärksten Motoren für konzentriertes Lernen und Entwicklung. Die folgenden Kapitel enthalten zahlreiche Anregungen und Beispiele für eine spielerische Herangehensweise an Konzentrationsschulung.

5.1. Konzentrationsspiele für Vorschulkinder und Schulanfänger

Ich packe meinen Koffer (für Konzentration und Merkfähigkeit)

Sie beginnen mit dem Satz: *„Ich packe meinen Koffer und lege ein ... hinein".* Suchen Sie einen möglichst einprägsamen Gegenstand aus. Um Ihr Kind zu motivieren, sollte es ein Gegenstand sein, welchen Ihr Kind sehr mag oder es zum Lachen bringt. Nun wiederholt Ihr Kind diesen Satz und ergänzt einen weiteren Gegenstand.

Das Spiel geht solange hin und her, bis der Koffer voller lustiger und schöner Dinge ist. Ein Beispiel: *„Ich packe meinen Koffer und lege eine Badehose, eine Wasserspritze, einen Lachsack, das Buch „Schwester aus Sternenstaub", Eiscreme und den bunten Würfel hinein."* Falls Ihrem Kind ein Gegenstand nicht einfällt, können Sie ihm mit Gesten oder mit dem Anfangsbuchstaben helfen.

Such- und Wimmelbilder (für Konzentration und visuelles Erfassen)

Suchen Sie Bilder aus Bilderbüchern heraus, die eine Vielzahl von verschiedenen Details enthalten - sogenannte Wimmelbilder. Nennen Sie nun eine Sache, die Ihr Kind suchen soll. Zur Steigerung des Schwierigkeitsgrades können Sie ihm auch eine Liste mit Gegenständen geben, die es suchen soll.

Eine andere Möglichkeit ist, dass Sie eine kleine Zeichnung anfertigen, die sich Ihr Kind genau anschauen darf. Nun muss es kurz wegschauen, während Sie ein Detail ergänzen. Findet es heraus, was neu dazu gekommen ist? Zur Steigerung des Schwierigkeitsgrades können Sie auch mehrere Details ergänzen.

Schnuddelwutz (für Konzentration und Sprachförderung)

Bei diesem Ratespiel kann sich Ihr Kind selbst etwas ausdenken, das es beschreibt, aber statt dem Wortnamen soll es den Begriff Schnuddelwutz benutzen. Ein Beispiel: *Mein Schnuddelwutz ist kuschelweich. Mein Schnuddelwutz ist schwarz. Mein Schnuddelwutz mag Milch. Mein Schnuddelwutz hat glänzendes Fell. Mein Schnuddelwutz macht Miau.*

Welcher Superheld bin ich? (für Konzentration und Sprachförderung)

Hier bekommt Ihr Kind ein Bild oder den geschriebenen Namen von einem seiner Kinderhelden wie Pippi Langstrumpf, Captain Future oder Harry Potter auf die Stirn geklebt. Jetzt muss es Ihnen Fragen stellen, um herauszubekommen, welcher Held es ist.

Beispielsweise: *Bin ich ein Kind? Kann ich fliegen? Habe ich Zauberkräfte? Wohne ich in einer Stadt?* Sie beantworten die Fragen mit *Ja* oder *Nein*, bis Ihr Kind richtig geraten hat.

Montagsmaler (für Konzentration und Feinmotorik)

Sie zeichnen mit Stiften etwas auf Papier oder mit Kreide auf eine Tafel oder den Boden. Ihr Kind muss nun nach jedem Strich raten, wen oder was die Zeichnung darstellen soll. Wenn es richtig geraten hat, darf es selbst ein Rätsel zeichnen.

Sie können das Spiel auch variieren, indem Sie mit Ihren Fingern auf den Rücken Ihres Kindes zeichnen, beispielsweise einzelne Buchstaben oder Zahlen.

Märchen mit lustigen Fehlern (für Konzentration und Sprache)

Bauen Sie in Geschichten oder Märchen, die Ihr Kind gut kennt lustige Fehler ein. So hat Rotkäppchen z.B. im Korb ein Smartphone für die Oma. Statt Blumen sucht es Kastanien. Statt Wackersteinen bekommt der Wolf Pfannkuchen in den Bauch. Bei jedem Fehler, den Ihr Kind bemerkt, bekommt es einen Punkt oder einen „Märchenstein", so sieht es seine wachsenden Erfolge.

Katarina Schwarz

Zungenbrecher (für Konzentration und Aussprache)

Kinder haben meistens viel Spaß daran, diese lustigen Minigeschichten nachzusprechen. Dabei konzentrieren sie sich von ganz allein, weil sie sich nicht versprechen wollen. Wenn doch mal ein Fehler passiert, ist das eher lustig und sie erleben, dass auch Erwachsene Fehler machen.

Zungenbrecher sind eine wunderbare Übung für einen Spaziergang, das Gehen hilft beim Wortfluss und Spaß ist auch garantiert dabei. Sie können die Verse auch als verschiedene Charaktere sprechen: z.B. als eine Fee, als ein Drache oder als andere beliebte Figuren und Personen. Im Folgenden finden Sie ein paar Beispiele für Zungenbrecher. Weitere Anregungen zu lustigen Sprachspielen finden Sie in meinem Buch „Sprachförderung leicht gemacht".

Am zehnten Zehnten

zehn Uhr zehn

zogen zehn zahme Ziegen

zehn Zentner Zucker zum Zoo.

Was macht ein kleines Mückentier

doch für verfluchte Tücken mir.

Ich spüre Mück- um Mückenstich,

sie stechen noch zu Stücken mich.

Sieben Schneeschipper

schippen sieben Schippen Schnee.

Sieben Schnee Schippen

schippen sieben Schneeschipper.

Schnecken erschrecken,

wenn sie an Schnecken schlecken,

weil zum Schrecken vieler Schnecken,

Schnecken gar nicht schmecken.

Den Tag erzählen (für Konzentration und Gedächtnis)

Lassen Sie Ihr Kind am Abend erzählen, was es an diesem Tag alles gemacht hat. Loben Sie es dafür, wenn es noch kleine Details weiß. Lassen Sie es besonders die Dinge erzählen, die ihm Freude gemacht haben. Wenn es Dinge aufzählt, die es falsch gemacht hat, dann fragen Sie es, was es daraus lernen durfte und was es beim nächsten Mal anders machen würde.

Alles was Flügel hat fliegt hoch in die Luft (für Konzentration und Gedächtnis)

Sie sprechen den Satz: *„Alles was Flügel hat fliegt hoch in die Luft"* und zählen danach verschiedene Tiere auf, die fliegen können z.B. *„Enten fliegen"*. Jedes Mal wenn das Wort *„fliegt"* oder *„fliegen"* fällt, heben Sie und Ihr Kind die Arme hoch.

Später flechten Sie Tiere oder Dinge ein, die nicht fliegen können, wie z.B. *„Elefanten fliegen"*. Dabei müssen die Arme unten bleiben. Besonders wenn Sie zuerst eine Reihe fliegender Tiere nennen und dann plötzlich etwas anderes, muss Ihr Kind gut aufpassen. Auch hier sind alle Fehler lustig und willkommener Anlass zum gemeinsamen Lachen.

Vielleicht mag Ihr Kind jetzt auch einmal die Spielführung übernehmen und sich fliegende Dinge ausdenken.

Ausmalen von Mandalas (für Konzentration und Entspannung)

Das Ausmalen von gleichmäßigen runden Formen wirkt sowohl bei Kindern als auch bei Erwachsenen beruhigend. Ältere Kinder können mit Hilfe des Zirkels eigene Mandala Formen erfinden und danach bunt gestalten. Haben Sie schon einmal Pinselstifte probiert? Diese sind mit Wasserfarben gefüllt und haben vorn eine Pinselspitze dran, was das Ausmalen leichter und lustvoller gestaltet.

Gegensätze finden (für Konzentration und Wortschatz)

Geben Sie Ihrem Kind Adjektive vor und lassen es die Gegensätze dazu finden. Wenn es schon schreiben kann, können Sie auch eine Tabelle mit zwei Spalten anlegen. Schreiben Sie die vorgegebenen Adjektive in eine Spalte. Ihr Kind schreibt nun die Gegensätze in die Spalte daneben. Ein paar Beispiele: klein - groß, trocken - nass, traurig - fröhlich, schwarz - weiß, hart - weich, dunkel - hell usw.

5.2. Konzentrationsspiele für Grundschulkinder

Erde, Wasser, Luft (für Konzentration und Wortschatz)

Geben Sie Ihrem Kind drei Blätter mit den Überschriften Erde, Wasser und Luft. Nun malt oder schreibt es auf diese Blätter verschiedene Tiere. Aufs erste Blatt gehören die Tiere der Luft, aufs zweite die Tiere des Wassers und aufs dritte die Tiere der Erde.

Wenn Ihr Kind schon älter ist und Sie den Schwierigkeitsgrad erhöhen wollen, können Sie verschiedene Lebensbereiche auf die einzelnen Blätter schreiben, beispielsweise Dschungel, Wüste, Meer, Wald, See, Wiese usw.

Misthaufen (für Konzentration und Feinmotorik)

Malen Sie 10 Punkte auf ein Blatt Papier und geben Sie jedem Punkt eine Nummer. Nun verbinden Sie abwechselnd mit Ihrem Kind die Punkte in der richtigen Reihenfolge. Dabei sollte man keine schon vorhandene Linie kreuzen, sondern Wege drum herum finden. Das wird natürlich von Zahl zu Zahl schwieriger. Ältere Kinder können auch 20 oder 30 Punkte verbinden. Am Ende ist ein lustiger Haufen aus Linien und Bögen entstanden.

Endlosgeschichten erfinden (für Konzentration und Sprache)

Sie fangen mit einem Wort an, danach darf jeder abwechselnd ein neues Wort hinzufügen, damit eine Geschichte entsteht. Ein Beispiel: *Ich - gehe - in - einen - Wald - und - suche - ein - Eichhörnchen - da - kommt - ein - Bär* usw.

Gegenstände nachzeichnen (für Konzentration und Feinmotorik)

Geben Sie Ihrem Kind einen zunächst einfachen Gegenstand in die Hand, den es nach Herzenslust anschauen und befühlen darf. Nun legt es den Gegenstand unter ein Tuch und versucht, ihn aus dem Gedächtnis zu zeichnen. Anschließend schaut es den Gegenstand noch einmal an und vergleicht ihn mit dem Bild. Vielleicht mag es noch weitere Details ergänzen.

Wenn Sie Ihr Kind dabei sprachlich begleiten, loben Sie jedes richtige Detail anstatt Fehler aufzuzählen.

Wortketten bilden (für Konzentration und Wortschatz)

Sie beginnen mit einem zusammengesetzten Substantiv. Ihr Kind muss nun aus dem zweiten Wortteil ein neues zusammengesetztes Substantiv bilden. Ein Beispiel: *Schrankschlüssel - Schlüsselbart -*

Bartschere - Scherenschleifer - Schleifstein - Steinhaus - Hauseingang - Eingangstür usw.

Schulweg aufschreiben (für Konzentration und räumliches Denken)

Lassen Sie Ihr Kind aus dem Gedächtnis heraus seinen Schulweg so detailliert wie möglich aufmalen. Danach beschreibt es diesen Weg, während es mit einer kleinen Spielfigur auf dem Blatt entlang geht.

Wörter buchstabieren (für Konzentration beim Lesen und Schreiben)

Beginnen Sie mit ganz einfachen Worten. Wenn Ihr Kind diese vorwärts buchstabieren kann, dann kann es das Ganze mal rückwärts probieren. Über die Auswahl der Worte bestimmen Sie den Schwierigkeitsgrad und können diesen nach und nach steigern.

Namen rückwärts aufsagen (Konzentration beim Lesen und Schreiben)

Lassen Sie Ihr Kind seinen Namen erst vorwärts, dann rückwärts buchstabieren. Nun darf es den Namen rückwärts vorlesen. Das gibt meistens lustige Namenswörter. Wenn Ihr Kind Freude daran hat, lassen Sie es herausfinden, wie die anderen Familienmitglieder oder seine Freunde rückwärts heißen.

Falls die Übung noch zu schwer ist, lassen Sie Ihr Kind zur Veranschaulichung die Namen aufschreiben und dann rückwärts vorlesen.

Stadt, Land, Fluss (für Konzentration und Wortschatz)

Bei diesem Spieleklassiker zeichnet jeder Mitspieler auf einem Blatt Papier eine Tabelle mit mehreren Spalten auf. Nun werden verschiedene Kategorien für jede einzelne Spalte ausgewählt, z.b. Stadt, Land, Fluss, Tier, Beruf, Name, Farbe, Kleidung, Körperteil. Wählen Sie Kategorien, die Ihrem Kind Spaß machen und die seinen Interessen und seinem Kenntnisstand entsprechen. Das erhöht seine Bereitschaft für konzentriertes Mitmachen. Die letzte Spalte bleibt frei, hier werden später die Punkte aufgeschrieben.

Nun sagt ein Mitspielender in Gedanken das Alphabet auf. Wenn ein anderer Mitspielender „*Stopp*" ruft, wird der Buchstabe des Alphabets gewählt, der beim stillen Aufsagen gerade dran war. Nun schreiben alle je ein Wort mit dem vorgegebenen Anfangsbuchstaben in die entsprechende Spalte, bei D beispielsweise Dresden,

Dänemark, Donau, Dachs, Dachdecker, Dunkelgrün, Daunenjacke und Daumen.

Wer zuerst fertig ist, kann wieder „Stopp" rufen. Für gezieltes Konzentrationstraining können Sie auch einen Timer stellen, wobei das Zeitlimit langsam geringer wird. Für jedes richtige Wort gibt es 5 Punkte in die letzte Spalte. Für jedes richtige Wort, das niemand anderem eingefallen ist, gibt es sogar 10 Punkte. Zum Abschluss rechnet jeder seine Punkte zusammen.

5.3. Wahrnehmungsübungen für alle Sinne

Ich sehe was, was du nicht siehst

Sie stellen Ihrem Kind folgendes Rätsel: *„Ich sehe was, was du nicht siehst, es hat die Farbe..."* Dabei meinen Sie einen Gegenstand aus dem Sichtfeld Ihres Kindes.

Nun rät Ihr Kind so lange, bis es den richtigen Gegenstand herausgefunden hat.

Wenn Sie weitere Sinne ansprechen wollen, spielen Sie auch einmal: ich rieche was, ich höre was, ich fühle was oder ich schmecke was.

Das verträumte Kind

Das Minutenspiel

Diese Übung lässt sich am besten draußen durchführen, da es im Freien und besonders in der Natur genug Wahrnehmungen für alle Sinne gibt. Sie stellen dafür einen Timer auf eine Minute ein und stellen die Frage „*Was siehst du?*" Eine Minute sehen sich alle Mitspielenden um und merken sich was sie gesehen haben. Ältere Kinder können Ihre Beobachtungen auch aufschreiben. Nach Ablauf der Zeit berichten alle ihre Wahrnehmungen und vergleichen sie. Sie werden staunen, wie unterschiedlich Wahrnehmung funktionieren kann.

Für die nächste Minute ist ein neuer Wahrnehmungskanal dran, bis alle Sinne einmal an der Reihe waren:

- *Was hörst du?*
- *Was riechst und schmeckst du?*
- *Was fühlst du auf deiner Haut?*
- *Was spürst du in deinem Körper?*

Speisen erraten

Für dieses Spiel bereiten Sie verschiedene kleine Häppchen von unterschiedlichen Speisen vor. Beispielsweise ein Stück Brot, ein Stück Käse, ein Stück Wurst, ein Stück saure Gurke usw. Um den Schwierigkeitsgrad zu erhöhen, können Sie auch verschiedene Gemüse- und Obstsorten wählen.

Nun lassen Sie Ihr Kind mit geschlossenen oder verbundenen Augen zuerst daran riechen und danach schmecken. Errät es das Lebensmittel schon am Geruch? Oder am Gefühl auf der Zunge und im Gaumen? Oder am Geschmack?

Blinde Kuh

Ein Kind mit verbundenen Augen findet tastend eine Person, welche im Raum steht oder sitzt. Nun soll es durch Abtasten erkennen, wen es gefunden hat.

Beim nächsten Mal soll durch Hören der Stimme erkannt werden, welche Person vor einem steht. Dafür wird die Aufforderung gestellt: *„Hänschen, Hänschen piep einmal"*. Die gefangene Person antwortet mit *„Piep"* und darf dabei die Stimme etwas verstellen. Das wird solange wiederholt, bis das Rätsel richtig gelöst ist.

Memory mit eigenen Fotos

Gestalten Sie ein individuelles Memory für Ihr Kind. Entweder lassen Sie ansprechende Fotos doppelt entwickeln oder Sie drucken die Lieblingsbilder Ihres Kindes doppelt aus. Evtl. können Sie die Bilder noch auf Karton kleben oder sie laminieren, um das Spiel haltbarer zu machen.

Nun werden alle Bilder verkehrt herum hingelegt. Jeder darf immer 2 Bilder gleichzeitig aufdecken, wenn er an der Reihe ist. Hat man zwei gleiche Bilder gefunden, darf man diese behalten. Wer findet die meisten Paare?

Für Ideen zu einem Duftmemory, einem Tastmemory oder einem Hörmemory, um verschiedene Sinne zu schulen, blättern Sie einfach nochmal zum Kapitel 4.3. zurück.

Sandwich

Diese Übung kann Kindern helfen, die ihren Körper nicht so gut spüren können und damit beruhigend wirken. Die untere „Brötchenhälfte" wird durch eine Decke oder eine Matte dargestellt, das erste Kind in Bauchlage ist der „Belag" und Sie oder ein weiteres Kind stellen die obere „Brötchenhälfte" dar, indem Sie sich vorsichtig darüber legen und sanften Druck ausüben.

Energiedusche

Diese Übung gibt frische Energie, bei Morgenmüdigkeit oder bei nachlassender Konzentration und fördert gleichzeitig die Wahrnehmung von Körperempfindungen.

Dafür klopft jeder die eigenen Arme und Beine mit der flachen Hand oder einer lockeren Faust auf folgende Weise ab:

- Beginnend am rechten Arm, vom Handgelenk außen hoch bis zum Schulterblatt, auf der Innenseite wieder zurück von der Schulter zum Handgelenk. Mehrmals wiederholen und danach den Arm auf dem gleichen Weg ausstreichen. In gleicher Weise beklopfen Sie den linken Arm.

- Weiter geht's am rechten Bein, vom Fußknöchel innen bis hoch zur Leiste, dann an der Außenseite wieder zurück zum Fuß. Mehrmals wiederholen und danach das Bein auf dem gleichen Weg ausstreichen. In gleicher Weise beklopfen Sie das linke Bein.

- Zum Abschluss spüren Sie nach, wie sich Arme und Beine jetzt anfühlen und ob etwas anders ist als zuvor.

Schön, dass du da bist

Diese Übung fördert das Selbstvertrauen Ihres Kindes und seine Körperwahrnehmung. Kneten Sie nacheinander die verschiedenen Körperteile des eigenen Körpers durch, wie die Füße, die Unterschenkel, die Oberschenkel, den Po, die Arme usw. Sagen Sie dazu jeweils den Satz: *„Lieber ... (Fuß usw.), schön, dass du da bist"*. Sie können auch noch ein Dankeschön für die Funktion des Körperteiles hinzufügen, z.B. *„Dankeschön, dass du mich jeden Tag trägst wohin ich will"*.

Igelball-Massage

Diese Übung fördert und differenziert besonders die somatische Wahrnehmung, verpackt in einer lustigen Geschichte, die Kinder mögen. Stellen Sie dafür folgende Verse mit einem Igelball auf dem Arm Ihres Kindes dar:

Geht ein Igel auf 'nen Berg (rechter Arm des Kindes),

sitzt dort oben dieser Zwerg,

der spricht: Hau ab und stör mich nicht!

Da geht er wieder runter!

Da wird's dem Igel doch zu dumm, er schaut sich um

und sieht dann einen andren Berg (linker Arm des Kindes).

Der Igel geht auf jenen Berg

und trifft dort oben keinen Zwerg,

der spricht: Hau ab und stör mich nicht!

Da geht er wieder runter!

Hüpft ein Igel auf 'nen Berg (rechter Arm des Kindes),

sitzt dort oben dieser Zwerg,

der spricht: Hau ab und stör mich nicht!

Da hüpft er wieder runter!

Da wird's dem Igel doch zu dumm, er schaut sich um

und sieht dann einen andren Berg (linker Arm des Kindes).

Der Igel hüpft auf jenen Berg

und trifft dort oben keinen Zwerg,

der spricht: Hau ab und stör mich nicht!

Da hüpft er wieder runter!

Das verträumte Kind

Rollt ein Igel auf 'nen Berg (rechter Arm des Kindes),

sitzt dort oben dieser Zwerg,

der spricht: Hau ab und stör mich nicht!

Da rollt er wieder runter!

Da wird's dem Igel doch zu dumm, er schaut sich um

und sieht dann einen andren Berg (linker Arm des Kindes).

Der Igel rollt auf jenen Berg

und trifft dort oben keinen Zwerg,

der spricht: Hau ab und stör mich nicht!

Da rollt er wieder runter!

Schleicht ein Igel auf 'nen Berg (rechter Arm des Kindes),

sitzt dort oben dieser Zwerg,

der spricht: Hau ab und stör mich nicht!

Da schleicht er wieder runter!

Da wird's dem Igel doch zu dumm, er schaut sich um

und sieht dann einen andren Berg (linker Arm des Kindes).

Der Igel schleicht auf jenen Berg

und plötzlich steht da dieser Zwerg,

der spricht: Hau ab und stör mich nicht!

Vor Schreck fällt er den Berg hinunter!

5.4. Bewegungsübungen für Konzentration, Gleichgewicht und Geschicklichkeit

Balancieren

Balancieren fördert nicht nur die Konzentration, sondern schult auch den Gleichgewichtssinn und die Geschicklichkeit Ihres Kindes.

Kinder können auf Allem balancieren, was schmal genug ist. Das kann eine auf den Boden gezeichnete Kreidelinie sein, ein ausgelegtes Seil, die Bordsteinkante, eine Slackline oder ein umgefallener Baumstamm.

Auch das Balancieren von kleinen Gegenständen auf den Fingerspitzen oder der Nase, eines Buches oder eines Balls auf dem Kopf sind wunderbare Bewegungsübungen für die Konzentration.

Geschicklichkeitsspiele

Für drinnen bieten sich Mikado oder Wackelturm an. Für draußen alle Ballspiele, Spiele mit Luftballons, Eierlaufen und für Fortgeschrittene das Jonglieren.

Schritte zählen

Zählen Sie doch einmal beim Spazierengehen ihre Schritte. Sie können Ihr Kind vorher schätzen lassen: Wie viele Schritte sind es bis zum nächsten Baum? Jeder gibt eine Schätzung für seine eigene Schrittlänge ab. Danach überprüfen Sie die Schätzung durch Abzählen der Schritte.

Fugen ausweichen

Dieses Spiel ist für alle Wege mit verschieden großen Gehwegplatten geeignet. Sie dürfen dabei nicht auf die Fugen zwischen den Steinen treten, das fördert die Achtsamkeit beim Vorwärtsgehen.

Solche Fugen können natürlich auch mit Kreide auf den Weg gezeichnet werden oder vielleicht zeichnen Sie lieber ein Hüpfhaus, bei dem durch Zahlen gekennzeichnet ist, in welcher Reihenfolge die einzelnen Felder durchschritten oder durchhüpft werden sollen.

Über-Kreuz-Übungen

Diese Übungen aktivieren und vernetzen beide Hirnhälften und fördern damit Denken und Konzentration:

- Bei der **liegenden Acht** streckt man einen Arm waagerecht nach vorn und stellt den Daumen auf. Nun zeichnet man mit dem Daumen eine liegende Acht in die Luft. Die Augen folgen dabei dem Daumen, der Kopf soll sich möglichst nicht bewegen.

- Klopfen Sie zum Takt einer Musik abwechselnd mit der rechten Hand auf das linke Bein und mit der linken Hand auf das rechte Bein. Dabei überkreuzen sich die Arme.

- Heben Sie abwechselnd das rechte Knie oder hüpfen Sie abwechselnd mit einem Bein.

- Die linke Hand liegt auf der rechten Schulter. Die rechte Hand liegt auf der linken Schulter. Jetzt abwechselnd auf beide Schultern klopfen.

- Für Fortgeschrittene: Die rechte Hand kreist auf dem Bauch, während die linke Hand auf den Kopf klopft.

- Ebenfalls etwas schwieriger: Eine Hand zeichnet eine 0 in die Luft, während die andere Hand eine 8 zeichnet.

Bewegen zur Rahmentrommel

Die Rahmentrommel oder ein anderes Instrument gibt verschiedene Rhythmen vor, zu denen sich unterschiedlich bewegt wird, z.B.

- gleichmäßiges Schlagen - Gehen
- schnelles Schlagen - Laufen
- lautes langsames Schlagen - Stampfen
- punktiertes Schlagen - Galopp (Nachstellschritte)
- leises, schnelles Schlagen - Ballengang (auf Zehenspitzen)

Wenn die Trommel einmal laut erklingt und danach schweigt, bleiben alle wie versteinert stehen und dürfen sich nicht bewegen.

Boden aus Lava

Das ist ein Spiel für drinnen und unempfindliche Wohnungseinrichtungen. Man stellt sich einfach vor, der Boden ist aus Lava und darf nicht betreten werden. Also bewegt man sich kletternd und hüpfend vorwärts.

Wut raus lassen

Wenn die Wut schon im Bauch ist, dann hilft nur Bewegung, um die Erregung aus dem Nervensystem wieder abzuleiten. Solange die Wut im Körper steckt, ist Konzentration fast unmöglich. Sie können beispielsweise um die Wette rennen, stampfen, auf ein Kissen oder einen Boxsack einschlagen oder auch mal im Wald laut schreien.

Auch andere Gefühle sollen fließen dürfen - z.b. Traurigkeit in Form von Tränen oder Seufzen, Freude in Form von Hüpfen und Jubeln, Angst in Form von Zittern, Zucken und sich Festhalten. Wie äußern Sie und Ihr Kind die unterschiedlichen Gefühle?

Gefühle tanzen

Vielleicht kennen Sie ja die fünf Rhythmen von Gabrielle Roth. Hier gibt es für jedes Gefühl ein Musikstück. Es kann sehr heilsam sein, alle fünf Rhythmen durchzutanzen, gerade wenn alte belastende Emotionen aus der Kindheit aufsteigen.

Für Kinder können Sie diese Musik selbst zusammen stellen:

- wilde, punktierte Musik für Wut
- fließende Musik für Angst

- lebhafte Musik für Freude
- sanfte Musik für Traurigkeit

Es gibt keine Vorgaben für Tanzschritte. Jeder bewegt sich so wie es sein Körper gerade will. Genau so ist es dann richtig und gesund. Motivieren Sie Ihr Kind einfach durch Mitmachen.

Bewegungsgeschichten

Kinder lieben Geschichten, in denen sie selbst die Hauptakteure sind. So können sie sich beispielsweise in Katzen verwandeln und als Kätzchen verschiedene Bewegungen ausführen, welche die Konzentration, das Gleichgewicht und den Wechsel von An- und Entspannung anregen. Falls Sie sich solche Geschichten nicht selbst ausdenken wollen, gibt es hier ein Beispiel:

Unser Kätzchen liegt zusammengerollt auf der Matte und schläft: auf der Seite liegend eng zusammen rollen.

Jetzt reckt und streckt es sich, es ist aufgewacht: Arme und Beine strecken und dehnen.

Es schleicht auf leisen Pfoten durch das Zimmer: auf Zehenspitzen schleichen.

Nun hat es Hunger, es geht zu seinem Napf und schleckt alles aus: Zungengymnastik zu allen Seiten.

Jetzt springt es auf einen Zaun und balanciert darüber: Auf einen Baumstamm springen und darüber balancieren (oder auf einer aufgezeichnete Linie o.ä.).

Da entdeckt es ein Mauseloch und schleicht sich langsam heran: auf allen Vieren schleichen.

Jezt sieht es die Maus, mit einem Sprung versucht es sie zu fangen: so weit springen wie möglich.

Die Maus ist leider entwischt, das ärgert das Kätzchen sehr. Wütend rennt es ein paar Runden: rennen.

Nun ist es vom Rennen müde geworden und braucht einen Mittagsschlaf. Es rollt sich wieder ein und macht sich lieb und klein: wie am Anfang zusammenrollen.

Kinderyoga

Kinderyoga eignet sich besonders gut, um die somatische Wahrnehmung anzuregen, den Gleichgewichtssinn zu schulen und um Stress aus dem Nervensystem über konzentrierte körperliche Tätigkeit abzuleiten. Außerdem wurde entdeckt, dass Yoga das Immunsystem stimuliert und das Selbstvertrauen stärkt und das natürlich nicht nur bei Kindern. Folgende Übungen machen besonders viel Spaß:

- **Der Baum**: Diese Übung fördert besonders die Konzentration und das Gleichgewicht. Stellen Sie sich aufrecht hin, sodass Sie auf einen Baum oder ein schönes Bild schauen können. Heben Sie einen Fuß an und stellen die Fußsohle auf die Innenseite des Oberschenkels ab, das Knie zeigt dabei nach außen. Jetzt heben Sie die Hände über den Kopf und nehmen die Handflächen oberhalb des Kopfes zusammen. Schauen Sie dabei zu dem schönen Bild und lächeln, während Sie versuchen, das Gleichgewicht zu halten. Anschließend das Bein wechseln.

- **Der Löwe**: Diese Übung eignet sich hervorragend zum Abbau von Stress und Aggression und fördert den emotionalen Ausdruck. Sie knien sich auf die Unterschenkel, und legen die Hände auf die Knie. Jetzt fahren Sie die Krallen aus, indem Sie die Finger lang ausstrecken. Nun kommt der lustige Teil: die Zunge weit herausstrecken, mit den Augen zu einem Punkt zwischen den Augenbrauen schielen und beim Ausatmen brüllen wie ein Löwe.

- **Die Kerze**: Diese Übung stärkt den Rücken, baut Anspannung ab und erhöht die Blutzufuhr zum Gehirn. Sie kennen diese Übung vielleicht auch als Schulterstand. Legen Sie sich auf den Rücken, die Beine sind geschlossen, die Arme liegen neben dem Körper und die Handflächen zeigen nach unten. Heben Sie jetzt die gestreckten Beine und das Becken an, bis die Füße zur Decke zeigen. Sobald sich der Po vom Boden abhebt, stützen Sie den unteren Rücken mit beiden Handflächen ab. Versuchen Sie, den Rücken, die Hüften und die gestreckten Beine in eine Linie zu bringen. Beim Herauskommen aus der Übung die Beine ganz langsam zum Boden absenken.

- **Die Schaukel**: Sie eignet sich gut zum Entspannen, z.B. nach der Kerze: Auf dem Rücken liegend die Beine angewinkelt zur Brust ziehen. Schlingen Sie jetzt die Arme um Ihre Knie und greifen mit einer Hand das andere Handgelenk. Jetzt vor und zurück schaukeln.

- **Position des Kindes:** Diese Position entspannt ebenfalls den Rücken und gibt Sicherheit und Vertrauen, da sie einer embryonalen Haltung ähnelt. Sie knien wie beim Löwen wieder auf den Unterschenkeln, aber legen diesmal den Oberkörper auf Ihren Oberschenkeln ab. Die Stirn soll auf dem Boden aufliegen, wenn das nicht gelingt, können Sie ein Kissen zwischen Boden und Stirn schieben. Die Arme werden locker nach hinten neben die Unterschenkel auf den Boden abgelegt.

Das verträumte Kind

Da diese Übungen wunderschöne anschauliche Namen haben, können Sie daraus auch wieder in eine Bewegungsgeschichte erfinden. In etwa so:

Ich ging durch einen dichten Dschungel, da traf ich einen **Löwen**. Vor lauter Schreck kletterte ich auf einen **Baum** und war ganz still. Doch der Löwe kam hinterher. Da hängte ich mich an eine Liane und schaukelte hin und her (**Schaukel**). Ich landete auf einem anderen Baum (**Baum mit anderem Bein**) und war wieder ganz still. Der Löwe suchte nach mir. Da machte ich mich ganz winzig klein (**Position des Kindes**). Der Löwe entdeckte mich trotzdem. Da zündete ich eine große **Kerze** an. Der Löwe mag kein Feuer und lief in den Dschungel hinein. Dort hörte ich ihn laut brüllen (nochmal **Löwe**).

Falls Sie selbst den **Sonnengruß** praktizieren, können Sie Ihr Kind durch folgende Reimgeschichte dazu motivieren.

Aktion	Reimgeschichte
Hände falten:	*Guten Morgen, liebe Sonne,* *dich möchte ich begrüßen,* *Guten Morgen, liebe Sonne,* *diesen Tag werd' ich genießen.*
Arme heben:	*Liebe Hände, seid ihr munter?* *Zuerst will ich mich strecken,*
Oberkörper nach vorne beugen:	*und dann beug ich mich hinunter,*
Hände neben die Füße:	*um die Füße aufzuwecken.*
rechtes Bein nach hinten:	*Guten Morgen, rechtes Bein,* *raus jetzt aus dem Bett!*
beide Beine nach hinten stellen:	*Ich stell' zu dir das linke Bein,* *und seh' aus wie ein Brett!*
Knie, Beine, Bauch und Stirn auf den Boden legen:	*Meine Stirn begrüße ich,* *dazu meinen lieben Bauch.*

Das verträumte Kind

Aktion	Gedicht
Brustkorb und Kopf heben:	*Meinen Kopf, den hebe ich und meinen Brustkorb auch.*
Becken heben, Fersen in den Boden drücken:	*Wem schick ich den Morgengruß? meinem Hintern, der kommt in die Höh'!*
rechten Fuß nach vorne stellen, zwischen die Hände:	*Zwischen die Hände kommt der rechte Fuß, guten Morgen Knie, schön dass ich dich seh!*
Beide Beine nach vorn:	*Den linken Fuß dazugestellt,*
Oberkörper beugen:	*den Rücken mach ich rund,*
Arme nach oben:	*Guten Morgen, liebe Welt,*
Arme senken:	*ich bin munter und gesund!*

5.5. Die Aufmerksamkeit mit Geschichten wecken

Alle Kinder lieben Geschichten oder Märchen. Wenn Sie diese spannend erzählen, vorlesen oder als Puppentheater gestalten, fördert das wunderbar die Konzentrationsfähigkeit Ihres Kindes.

Um Ihr Kind noch besser zum Zuhören zu motivieren, gibt es hier noch ein paar hilfreiche Tipps:

- Nutzen Sie Dinge, die Ihr Kind mag, z.B. seine Lieblingsbücher, Bilder von interessanten Dingen, Fotos oder Spielfiguren.

- Machen Sie aus dem Geschichtenerzählen ein Ritual. Schaffen Sie durch Kissen und Tücher eine angenehme Atmosphäre. Beginnen Sie mit einem Anfangsritual: ein bestimmter Ton, das Singen eines Märchenliedes oder das Anzünden einer besonderen Kerze.

- Meistens sind selbst erfundene Geschichten noch spannender als Vorgelesenes. Erfinden Sie daher Geschichten zu Themen, die Ihr Kind gerade besonders interessieren. Oder fragen Sie vorher, was in der Geschichte vorkommen soll: Welche Figuren, welche Orte, welche Gefahren.

- Erzählen Sie die Geschichte mit einem Spannungsbogen. Dieser entsteht, wenn von den Helden der Geschichte eine schwierige Aufgabe oder ein Problem gelöst werden muss.

- Bringen Sie die Geschichte zu einem guten Abschluss, denken Sie sich gemeinsam mit Ihrem Kind ein Happy End aus.

- Lassen Sie Ihr Kind beim Erzählen oder Vorlesen etwas tun: das Buch umblättern oder die Handlung mit Spielfiguren oder Handpuppen gestalten. Sie können auch Geschichten aus dem Sack erzählen. Hierfür befüllen Sie einen Stoffbeutel mit verschiedenen Dingen, die Ihr Kind nacheinander heraus holen darf. Diese Gegenstände werden dann in die Geschichte hinein gewoben.

5.6. Kindgerechte Entspannungstechniken

Im Kapitel 4.9. haben Sie bereits die kindgerechte Kundalini Meditation kennen gelernt, welche durch körperliche Aktivität in die Entspannung führt. In diesem Kapitel stelle ich Ihnen noch weitere Variationen kindgerechter Entspannungstechniken und Fantasiereisen vor. Da Entspannung immer eine freiwillige Sache ist und nie durch Druck hergestellt werden kann, habe ich die einzelnen Entspannungstechniken spielerisch in Geschichten verpackt.

Progressive Muskelentspannung für Kinder

Ähnlich wie bei der Kundalini Meditation erfolgt hier zunächst ein aktiver Teil, um Anspannung und Stress abzuleiten, bevor eine Entspannung möglich ist. Die folgende Übungsanleitung ist für den gesamten Körper konzipiert, Sie können sich aber auch einzelne Teile heraus nehmen, um die Übung zu verkürzen oder auf das Anspannungsmuster Ihres Kindes zuzuschneiden.

Sie können den Wechsel von An- und Entspannung im Liegen, aber auch im Sitzen auf einem bequemen Sessel oder Sitzsack ausführen. Dabei kommen die einzelnen Aufforderungen teilweise in Form einer Fantasiegeschichte daher.

Arme und Hände

- Stell dir vor, du hast einen wertvollen Edelstein gefunden (Sie können Ihrem Kind einen kleinen runden Stein zur Veranschaulichung in die Hand geben). Du hältst ihn in deiner rechten Faust. Ein frecher Zwerg will ihn dir wegnehmen. Deshalb machst du deine Faust ganz fest zu, so fest wie du nur kannst.

- Jetzt ist der Zwerg wieder verschwunden, du öffnest deine rechte Hand und machst sie ganz weich und locker.

- Du freust dich, dass du deinen Stein gut verteidigt hast. Deshalb legst du deine rechte Hand mit dem Stein auf dein Herz und drückst ihn mit deinem Arm ganz fest an dich.

Das verträumte Kind

- Dann nimmst du den Stein in die linke Faust und legst deinen rechten Arm ganz locker neben deinem Körper ab.
- Da kommt der freche Zwerg wieder angerannt. Deshalb machst du deine linke Faust ganz fest zu, so fest wie du nur kannst.
- Jetzt ist der Zwerg wieder verschwunden, du öffnest deine linke Hand und machst sie ganz weich und locker.
- Du freust dich, dass du deinen Stein gut verteidigt hast. Deshalb legst du deine linke Hand mit dem Stein auf dein Herz und drückst ihn mit deinem Arm ganz fest an dich.
- Dann legst du den Stein auf dein Herz und legst deinen rechten Arm ganz locker neben deinem Körper ab.

Füße, Beine und Po

- Stell dir vor, du willst dich mit deinen Zehen an einem Ast festhalten, so wie ein geschickter Kletteraffe. Kralle deine Zehen fest zusammen, damit du nicht herunter fällst.
- Jetzt lässt du los, fällst ins weiche Moos und machst deine Zehen wieder ganz weich.

- Nun willst du dir eine Kokosnuss vom Baum pflücken, geh dafür auf deine Zehenspitzen. Mach deine Füße bis zu den Zehen ganz lang, damit du groß genug bist. Halten, halten - jetzt hast du die Kokosnuss und kannst die Füße wieder weich machen.

- Jetzt balancierst du die Kokosnuss auf deinen Beinen Heb dafür beide Beine ein wenig an und halte sie ganz fest und still. Halten, halten und jetzt loslassen, damit die Kokosnuss herunter rollt.

- Jetzt knackst du die Nuss mit deinem Popo, drücke dafür deine Pobacken ganz fest zusammen. Fester, fester, jetzt ist sie geknackt. Du kannst deinen Popo wieder locker machen.

Gesicht und Kopf

- Stell dir vor du beißt in eine Orange. Aber die ist so krachsauer dass sich dein ganzes Gesicht zusammen zieht. Sauer, sauer, sauer - und jetzt ist es vorbei.

- Das war gar keine Orange, das war eine Zitrone. Vor lauter Staunen runzelst du jetzt die Stirn. Dafür ziehst du deine

- Augenbrauen nach oben. Halten, halten und jetzt kannst du sie wieder loslassen.
- Willst du noch mal in die Zitrone beißen? Nein? Dann mach schnell deinen Mund zu und presse deine Lippen fest zusammen. Halten, halten - und jetzt ist die Zitrone weg, du kannst die Lippen wieder weich werden lassen.
- Nun gibt es was ganz Leckeres zu essen. Mach dafür deinen Mund ganz weit auf, so weit wie du kannst. Halten, halten - und jetzt genüsslich schmatzen.

Schultern, Bauch und Rücken

- Zieh deine Schultern ganz weit nach oben, so als ob du dir mit den Schultern die Ohren zuhalten willst. Halten, halten - und loslassen.
- Jetzt drücke deine Schultern fest auf die Matte. Atme tief ein und drücke deine Brust ganz weit heraus. Mach sie ganz groß, weiter, weiter - und loslassen.
- Jetzt machst du deinen Bauch ganz hart, hart wie ein Brett. Halten, halten - und loslassen.

- Jetzt drückst du deinen Rücken fest nach oben und machst ein Hohlkreuz, sodass dein Rücken sich von der Unterlage abhebt. Halten, halten - und loslassen.
- Zum Schluss machst du noch einmal deinen ganzen Körper so fest wie du nur kannst. Halten, halten - und loslassen. Geschafft!

Zum Übungsende noch einmal langsam die einzelnen Körperteile aufzählen und beobachten lassen (Sie können die Körperteile auch beim Aufzählen sanft berühren):

Spüre jetzt noch einmal deine Füße, deine Unterschenkel, deine Oberschenkel, deinen Po, deinen Bauch, deinen Rücken, deine Schultern, deine Arme, deine Hände, deinen Hals und deinen Kopf. Welcher Körperteil fühlt sich am angenehmsten an?

Jetzt atme tief ein und aus und recke und strecke dich und spüre, wie gut du dich fühlst.

Autogenes Training für Kinder

Diese Entspannungstechnik beginnt in einer Ruheposition und ist nur möglich, wenn Ihr Kind gerade keinen hohen Bewegungsdrang hat. Ansonsten können Sie vorher eine Runde tanzen. Das

Das verträumte Kind

Autogene Training kann im Sitzen oder im Liegen durchgeführt werden und ist auch zum Einschlafen sehr gut geeignet. Ich habe es mit Du - Botschaften formuliert. Wollen Sie, dass Ihr Kind das Autogene Training nach und nach selbst erlernt, dann wandeln Sie die Worte „du" zu „ich" und „dein" zu „mein" um. Sie können noch den Satz davor setzen: „Sage dir innerlich". Also zum Beispiel: „Sage dir innerlich: Mein rechter Arm wird ganz schwer."

Das Autogene Training besteht aus verschiedenen nacheinander durchgeführten Übungen für Schwere, Wärme, Atem, Herz, Sonnengeflecht und Stirn. Beim ersten Mal ist die Schwereübung völlig ausreichend, die anderen können nach und nach dazu kommen.

Schwereübung

- *Stell dir vor, du liegst am Strand im warmen weichen Sand. Die Wellen des Meeres rauschen und die Sonne scheint wunderbar warm auf deinen Körper. Du bist ganz ruhig.*

- *Dein rechter Arm wird ganz schwer. Stell dir vor, wie dein rechter Arm mehr und mehr in den Sand einsinkt und immer schwerer wird.*

- *Dein linker Arm wird ganz schwer. Stell dir vor, wie dein linker Arm mehr und mehr in den Sand einsinkt und immer schwerer wird.*

- *Dein rechtes Bein wird ganz schwer. Stell dir vor, wie dein rechtes Bein mehr und mehr in den Sand einsinkt und immer schwerer wird.*

- *Dein linkes Bein wird ganz schwer. Stell dir vor, wie dein linkes Bein mehr und mehr in den Sand einsinkt und immer schwerer wird.*

- *Dein ganzer Körper wird ganz schwer. Stell dir vor, wie dein ganzer Körper mehr und mehr in den Sand einsinkt und immer schwerer wird.*

- *Du bist ganz ruhig.*

Wärmeübung

- *Dein rechter Arm wird angenehm warm. Stell dir vor, wie dein rechter Arm von der Sonne gewärmt wird.*

- *Dein linker Arm wird angenehm warm. Stell dir vor, wie dein linker Arm von der Sonne gewärmt wird.*

- *Dein rechtes Bein wird angenehm warm. Stell dir vor, wie dein rechtes Bein von der Sonne gewärmt wird.*

- *Dein linkes Bein wird angenehm warm. Stell dir vor, wie dein linkes Bein von der Sonne gewärmt wird.*

- *Dein ganzer Körper wird angenehm warm. Stell dir vor, wie dein ganzer Körper von der Sonne gewärmt wird.*

Das verträumte Kind

- *Du bist ganz ruhig.*

Schwere- und Wärmeübung verbunden

- *Deine Arme sind ganz schwer und angenehm warm.*
- *Deine Beine sind ganz schwer und angenehm warm.*
- *Dein ganzer Körper ist ganz schwer und angenehm warm.*
- *Du bist ganz ruhig.*

Atemübung

- *Atme ganz ruhig und gleichmäßig. Lass den Atem einfach kommen und gehen. Dein Atem fließt ganz ruhig und gleichmäßig.*
- *Du bist ganz ruhig.*

Herzübung

- *Spüre nun deinen Herzschlag. Dein Herz schlägt ganz ruhig und gleichmäßig, gleichmäßig wie die Wellen des Meeres.*
- *Du bist ganz ruhig.*

Sonnengeflechts-Übung

- *Spüre nun deinen Bauch. Dein Bauch ist strömend warm. Strömend warm von der Sonne.*

- *Du bist ganz ruhig.*

Stirnkühlung

- *Spüre nun deine Stirn. Deine Stirn ist angenehm kühl. Ein angenehmer Wind kühlt deine Stirn.*

- *Du bist ganz ruhig.*

Zurückkommen (falls Ihr Kind nicht einschlafen soll)

- *Balle nun deine Hände zu Fäusten, spanne sie ganz fest an und lege sie auf deine Brust. Lass die Augen noch zu.*

- *Jetzt öffnest du deine Fäuste ganz schnell, streckst deine Arme aus und atmest dabei tief durch deinen Mund aus.*

- *Jetzt reckst und streckst du dich so wie du magst und öffnest langsam wieder deine Augen.*

Fingermudras für Kinder

Mudras sind Yogaübungen für die Finger. Die Übersetzung von „Mudra" bedeutet „das was Freude schenkt". In Indien werden Fingermudras durchaus öfters praktiziert als die eigentlichen Yogaübungen. In Europa sind sie dagegen weniger bekannt. Falls Sie damit nichts anfangen können, lassen Sie dieses Kapitel einfach weg und gehen direkt zu den Fantasiereisen weiter.

Fingermudras können beruhigend und entspannend wirken und sollen regelmäßig angewandt sogar gegen Kopfschmerzen helfen. Neben den spannungslösenden Mudras gibt es auch motivierende und aktivierende Fingerübungen. Vor dem Lösen einer schwierigen Aufgabe können Fingermudras also gezielt zum Bündeln und Fokussieren der Konzentration eingesetzt werden.

Allerdings sollten sie in einer aufrecht sitzenden Körperhaltung ähnlich wie beim Meditieren praktiziert werden, damit sie den Energiefluss im Körper anregen können. Ihr Kind kann sich vorstellen, dabei eine Krone zu tragen, das richtet die Wirbelsäule automatisch auf. Um die Wirkung von Mudras voll zu spüren, sollten die Mudras ähnlich wie beim Yoga regelmäßig wiederholt werden. Daher ist es sinnvoller, sich ein Mudra auszusuchen, welches Ihrem Kind gefällt und dieses eine Zeit lang regelmäßig zu praktizieren, statt immer wieder zu wechseln.

Die Bedeutung der einzelnen Finger

Bei den Fingermudras werden den einzelnen Fingern verschiedene Bedeutungen zugeordnet. Oft genügt schon ein sanftes Halten, Drücken oder Reiben des entsprechenden Fingers um eine Wirkung zu erzielen. Vielleicht mag Ihr Kind auch einen Ring an dem entsprechenden Finger tragen, den es bei Bedarf wie einen Wunschring drehen kann.

- Der Daumen kann gegen Sorgen helfen genau wie der Mittelpunkt der Handinnenfläche

- Der Zeigefinger kann gegen Ängste helfen

- Der Mittelfinger kann bei Wut helfen

- Der Ringfinger kann bei Traurigkeit helfen

- Der kleine Finger kann beruhigend und entschleunigend helfen

Eine schöne Übung für den Beginn einer Konzentrationsphase oder für eine Pause ist, die Daumen nacheinander mit Zeigefingern, Mittelfingern, Ringfingern und den kleinen Fingern zusammen zu führen. Dies erfordert etwas Geschicklichkeit und Übung, daher zu Beginn ruhig mehrmals im Zeitlupentempo wiederholen und die Geschwindigkeit nur langsam steigern. Den einzelnen

Berührungen, aus denen dann auch die Mudras bestehen, werden folgende Wirkungen zugesprochen:

- Daumen berührt Spitze des Zeigefingers: Sicherheit
- Daumen berührt Spitze des mittleren Fingers: Geduld
- Daumen berührt Spitze des Ringfingers: Energie
- Daumen berührt Spitze des kleinen Fingers: Intuition und Gefühl

Das Hakini Mudra

Das Hakini Mudra wirkt entspannend und fördert die Konzentration und Aufnahmefähigkeit, indem es beide Gehirnhälften anregt.

Die fünf Fingerspitzen beider Hände berühren aneinander. Dabei sind die Daumen zu Ihnen gewendet. Zwischen beiden Händen soll ein kleiner Hohlraum sein.

Sie können jetzt die Daumen ans Brustbein legen, das stimuliert zusätzlich die Thymusdrüse und damit das Immunsystem.

Das Gesicht sollte beim Ausführen aller Mudras entspannt sein, die Zunge liegt locker im Mund. Der Rücken ist gerade. Jetzt tief ein- und ausatmen.

Das Dhyana Mudra

Das Dhyana Mudra kann beim Meditieren und dem Fokussieren der Gedanken auf ein Thema helfen.

Beide Hände werden mit den Handflächen nach oben in den Schoss gelegt. Die rechte Hand liegt dabei auf der linken Hand. Die Daumenspitzen berühren sich, während die Hände entspannt liegen bleiben.

Das Sampurna Mudra

Das Sampurna Mudra kann harmonisierend wirken. Es kann beim entspannten Konzentrieren unterstützen.

Die Hände werden vor dem Herzen aneinander gelegt, mit verschränkten Fingern. Nur die Zeigefinger bleiben gestreckt, berühren einander und zeigen nach oben. Zwischen beiden Händen soll ein kleiner Hohlraum sein.

Das Anjali Mudra

Das Anjali Mudra kann die rechte und linke Gehirnhälfte verbinden und ausgleichen. In der Mudra-Lehre steht es für Dankbarkeit und Frieden. Vielleicht kennen Sie es aus Ihrer Yogapraxis.

Beide Handflächen werden vor dem Herzen zusammengelegt. Dabei konzentriert man sich auf das Herzchakra. Zusätzlich kann man an etwas oder jemanden denken, für das oder den man gerade dankbar ist.

Das Jnana Mudra

Das Jnana Mudra kann durch die offenen Hände auch eine offene Geisteshaltung und inneren Frieden sowie die Konzentration anregen. Vielleicht kennen Sie es vom Meditieren.

Die Handrücken liegen bequem auf den Oberschenkeln. Die Hände sind dabei geöffnet und die Finger locker. Daumen und Zeigefinger jeweils einer Hand berühren sich an den Fingerkuppen und bilden dabei einen Kreis.

Das Prithvi Mudra

Das Prithvi Mudra soll ein Gefühl von innerer Stabilität und Selbstsicherheit geben und kann das Energieniveau erhöhen.

Die Fingerspitzen der Ringfinger und der Daumen jeweils einer Hand berühren sich, alle anderen Finger sind locker geöffnet. Die Handrücken können locker auf den Beinen abgelegt werden.

Shuni Mudra

Das Shuni Mudra kann dabei helfen, bewusst im jetzigen Moment zu bleiben und soll die Geduld anregen.

Die Fingerspitzen der Mittelfinger und der Daumen jeweils einer Hand berühren sich, während die anderen Finger locker geöffnet sind. Die Handrücken können locker auf den Beinen abgelegt werden.

Das Shakti Mudra

Das Shakti Mudra kann beim Abbau von innerem Stress helfen und dabei unterstützen, Geborgenheit und Sicherheit in sich selbst zu spüren.

Die Mittelfinger und Zeigefinger umschließen den jeweiligen Daumen der Hand. Die kleinen Finger und Ringfinger beider Hände bleiben gestreckt und berühren sich, sodass sie ein spitzes Dach bilden. Nun diese schützende Haus vor die Brust nehmen.

Das Mahasirs Mudra

Das Mahasirs Mudra soll spannungslösend sein und regelmäßig praktiziert sogar bei Kopfschmerzen helfen.

Die Ringfinger drücken in den Daumenballen. Die beiden Fingerkuppen des Zeigefingers und Mittelfingers werden ebenfalls sanft gegen den Daumen gelegt. Die kleinen Finger werden abgespreizt. Die Handrücken können locker auf den Beinen abgelegt werden.

Das Prana Mudra

Prana bedeutet übersetzt Lebensenergie. Das Prana Mudra wirkt energetisierend und kann bei Müdigkeit und Stress helfen. Es unterstützt einen kraftvollen und vitalen Zustand.

Der Daumen, der kleine Finger und der Ringfinger jeweils einer Hand berühren sich. Die Mittel- und Zeigefinger beider Hände werden aneinander gelegt. Nun können die Hände auf den Schoß abgelegt werden.

Das Vishnu Mudra

Das Vishnu Mudra kann dabei helfen, einen ruhigen Atemrhythmus zu finden.

Es ist Teil der Pranayama Atemübung, die Sie vielleicht aus Ihrer Yogapraxis kennen. Diese Wechselatmung wirkt ausgleichend und harmonisierend auf beide Körperhälften.

Zeigefinger und Mittelfinger der rechten Hand werden gebeugt in die Handfläche gelegt. Ringfinger, kleiner Finger und der Daumen bleiben aufgerichtet. Der Daumen verschließt das rechte Nasenloch, der Ringfinger dagegen das linke, immer abwechselnd.

Die Wechselatmung beginnt mit der Einatmung durch das linke Nasenloch, indem der Daumen das rechte Nasenloch verschließt. Nun verschließt man das linke Nasenloch mit dem Ringfinger und atmet rechts aus. Durch dasselbe Nasenloch wird auch wieder eingeatmet. Nach der Einatmung wird immer gewechselt. Um eine Regelmäßigkeit zu erzielen, kann man beim Ein- und Ausatmen jeweils bis 4 zählen.

Fantasiereisen für Kinder

Fantasie- oder Traumreisen haben eine inzwischen auch wissenschaftlich belegte Wirkung auf Erwachsene und Kinder. Während der Fantasiereise befindet sich unser Gehirn im Bereich des Halbbewusstseins ähnlich wie bei einer Meditation oder währende einer Hypnose. In diesem Zustand ist unser Gehirn sehr aufnahmefähig. Durch den Zugang zum Unterbewusstsein können Traumreisen die Selbstheilungskräfte anregen. Der Körper und die Psyche bekommen die Möglichkeit sich zu regenerieren, während sogar eine geringe Menge Morphium freigesetzt wird. Die Atemfrequenz und der Blutdruck sinken ab, was den Körper ebenfalls entspannt. Traumreisen sprechen v.a. die rechte Gehirnhälfte an, welche vorwiegend mit Bildern arbeitet. Das stärkt die Intuition und wirkt ausgleichend auf die linke Gehirnhälfte, wo ein Großteil unserer Alltagsgedanken entsteht.

Aufgrund dieser starken und vielfältigen Wirkung werden Fantasiereisen inzwischen in folgenden Bereichen eingesetzt:

- Leistungssteigerung beim Lernen und Konzentrieren
- Körperliche und psychische Regeneration
- Verbesserung des Schlafes
- Stärkung der intuitiven Entscheidungsfähigkeit
- Verbesserung des Selbstbewusstseins
- Steigerung der Lebensfreude
- Förderung von Kreativität und Fantasie
- Abbau von Ängsten und Sorgenmustern
- Unterbrechung quälender Gedankenmuster
- Anregung des Immunsystems

- Linderung von körperlichen Verspannungen

Fantasiereise ins Land der Sorgenfresser

Diese Fantasiereise können Sie einsetzen, wenn bestimmte sorgenvolle Gedanken oder negative Glaubensmuster Ihr Kind immer wieder vom entspannten Lernen und dem Erleben von Lernerfolgen abhalten. Gerade wenn Ihr Kind schon häufige Misserfolgserlebnisse hatte oder besonders sensibel auf Kritik reagiert, können sich negative Gedanken festsetzen, die es im weiteren Handeln blockieren können. Solche Glaubensmuster können beispielsweise sein:

- Ich bin nicht gut genug
- Ich schaffe das sowieso nicht
- Die Anderen lachen mich aus
- Wenn ich vor der Klasse stehe, weiß ich nichts mehr
- Ich bin einfach zu dumm
- Ich krieg das eh nicht auf die Reihe usw.

Das verträumte Kind

Sie können die Fantasiereise auch einsetzen, wenn Ihr Kind vielleicht aufgrund von Sorgen, Ängsten oder negativen Gedankenmustern körperliche Beschwerden, Schmerzen oder Verspannungen hat. Lesen Sie den Text in einer entspannten ungestörten Atmosphäre vor. Sorgen Sie dafür, dass Ihr Kind eine bequeme Position findet, in der es eine Weile ruhig liegen oder sitzen kann.

Die Fantasiereise eignet sich auch prima zum Einschlafen, dann lassen Sie den Ausklang einfach weg. Sprechen Sie dabei langsam und mit ruhiger Stimme. Machen Sie viele Pausen, damit Ihr Kind immer wieder in seinen Körper hinein spüren kann.

Einleitung

Schließe deine Augen und lege deine linke Hand auf dein Herz. Lege jetzt deine rechte Hand auf deinen Bauch. Beobachte nun deinen Atem. Wie fühlt er sich an, wenn er durch deine Nase strömt? Eher kühl oder eher warm? Eher weich oder eher kitzelig? Vielleicht auch ganz anders. Spüre wie dein Atem in deine Lungen fließt. Fühle wie er dein Herz streichelt. Wie fühlt sich dein Herz an? Eher weich oder hart? Eher locker oder fest? Fühlst du es klopfen, pulsieren oder ganz was anderes? Ganz egal, was du spürst, alles ist genauso richtig wie es ist.

Spüre, wie deine Brust beim Einatmen ganz weit wird. Beim Einatmen weit, beim Ausatmen weich. Spüre, ob dein Atem auch in deinen Bauch fließt. Spüre, wie er zu deiner rechten Hand hin fließt. Spüre wie dein Bauch beim Einatmen ganz weit wird. Beim Einatmen weit, beim Ausatmen weich. Vielleicht auch ganz anders. Alles, was du spürst, ist genauso richtig wie es ist.

Hauptteil

Stell dir vor, du liegst auf einer bunten Sommerwiese im wunderbar weichen Moos. Wenn du magst, kannst du auch eine Picknickdecke auf der Wiese ausbreiten und dich darauf legen. Deine Hände streicheln das weiche Moos, es duftet angenehm frisch. Über dir ist ein strahlend blauer Himmel mit ein paar weißen Schäfchenwolken darauf. Rings um dich herum blühen bunte Blumen. Du atmest tief ein und riechst ihren wunderbaren Duft. Du spürst die Sonne auf deiner Haut und es ist angenehm warm, genauso wie du es magst. Eine angenehme Brise kühlt vorsichtig deine Stirn. Der Sommerwind bringt dir noch mehr wunderbare Düfte mit. Vielleicht kannst du den Sommer sogar auf deiner Zunge schmecken. Vielleicht schmeckt er nach Eiscreme oder etwas anderem, das du magst.

Da bemerkst du, dass die Wolken am Himmel ganz besondere Wolken sind. Sie sehen aus wie weiße kuschelige Schafe. Aber das sind ganz besondere Schafe, nämlich Sorgenfresser Schafe. Sie sind hungrig und fressen besonders gerne Kindersorgen. Du bemerkst, wie sie dich hungrig anschauen. Hast du etwas zu fressen für sie? Vielleicht gibt es etwas, dass dir Sorgen macht, dann kannst du es jetzt zu den weißen Schafen nach oben schicken. Atme einfach tief ein und

Das verträumte Kind

beim Ausatmen schickst du die Sorgen nach oben zu den Schafen. Schau wie sie alles Dunkle sofort auffressen (Pause).

Vielleicht hast du auch irgendwo in deinem Körper eine Stelle, die sich etwas dunkler oder etwas härter anfühlt oder sogar schmerzt. Vielleicht in deinem Bauch oder in deinem Herz? Dann atme tief ein und beim Ausatmen schickst du alles Dunkle zu den Schafen hinauf. Schau, wie gut ihnen das schmeckt. Sie sind sehr hungrig, schick ihnen so viel Dunkelheit wie du finden kannst. Wenn du fertig bist, dann gib mir ein Zeichen mit einem Finger (Pause bis das Zeichen kommt).

Vielleicht gibt es noch andere Stellen in deinem Körper, die sich hart oder dunkel anfühlen? Vielleicht dein Hals? Vielleicht deine Schultern? Oder dein Kopf? Atme tief dort hinein und schicke den Schafen beim Ausatmen alles was du nicht mehr brauchst. Mach das so lange, bis du alles los bist, was du nicht mehr brauchst. Dann erst sind die Schafe satt und zufrieden. Wenn du fertig bist, dann gib mir ein Zeichen mit einem Finger (Pause bis das Zeichen kommt).

Nun sind die Schafe satt und zufrieden. Sie winken dir noch einmal von oben zu. Dann kommt der Sommerwind und lässt sie weiterziehen. Du liegst immer noch auf der wunderschönen Sommerwiese und fühlst dich leicht und frei. Genieße es, wie gut du dich fühlst (Pause).

Ausklang

Und wenn ich gleich bis 3 zähle, bist du bei 3 ausgeruht, erholt und wach wie nach einem tiefen erholsamen Schlaf. Ausgeruht, erholt, frisch und wach. Du fühlst dich gut wie nach einem tiefen erholsamen Schlaf. Dein Kopf ist leicht und frei. Das Gesicht ist wie mit frischem Quellwasser benetzt. Bei 3 öffnest du die Augen, atmest tief ein, reckst und streckst dich und du nimmst wahr wie gut du dich fühlst.

Eins. Du bist ausgeruht, erholt, frisch und wach wie nach einem tiefen erholsamen Schlaf.

Zwei. Dein Kopf ist leicht und frei, die Augen sind wie mit frischem Quellwasser benetzt.

Drei. Du öffnest die Augen, atmest wenn du magst tief ein, reckst und streckst dich und nimmst wahr, wie gut du dich fühlst.

Weitere Meditationen zur Stärkung des Selbstbewusstseins und zur Entspannung finden Sie in meinem Buch „Hochsensible Kinder - besonders & wundervoll".

6. Schlusswort

Vielen Dank, dass Sie die nötige Konzentration aufgebracht haben, um dieses Buch bis zum Ende zu lesen, auch wenn es zahlreiche andere Reize in Ihrer Umgebung gab, die sicher gut zur Ablenkung geeignet waren.

Ich hoffe, dass ich Ihnen v.a. mit den letzten Kapiteln ein gutes Handwerkszeug mitgeben konnte, um die Aufmerksamkeit und Konzentration Ihres Kindes zu fördern. Vielleicht haben Sie sogar die eine oder andere Übung für sich selbst gefunden, um den oft stressigen Alltag mit Kind ein wenig entspannter zu meistern. Sicher haben Sie bemerkt, dass nicht jede Übung für jeden Menschen gleich gut geeignet ist. Am wirkungsvollsten sind immer die Dinge, die Freude bereiten und dadurch zur regelmäßigen Anwendung kommen. Daher habe ich versucht, die Auswahl sehr vielfältig zu gestalten.

Falls Sie die Anregungen in diesem Buch als hilfreich empfunden haben, würde ich mich über eine positive Bewertung bei Amazon sehr freuen. Dadurch finden vielleicht auch andere Eltern und Erzieher*innen zu diesem Buch und damit zu einem entspannteren Umgang mit den Konzentrationsproblemen ihres Kindes.

Ihre,

Katarina Schwarz

Weiter Werke von Katarina Schwarz:

Hochsensible Kinder – besonders & wundervoll:

Wie Sie Ihr gefühlsstarkes Kind verstehen, optimal fördern und liebevoll erziehen, ohne zu schimpfen – Inkl. 36 „Notfallübungen" bei akuter Überreizung – Hochsensible Kinder sind eine Gabe und eine Herausforderung zugleich, denn sie nehmen über ihre Sinnesorgane sehr viel feiner und empfindlicher wahr als andere. Deshalb reagieren diese Kinder auch auf Kleinigkeiten, die andere Kinder gar nicht bemerken, was schnell zu einer Überstimulierung führen kann. Darum ist es wichtig für betroffene Eltern, die

Hochsensibilität ihres Kindes frühzeitig zu erkennen und ihm dabei zu helfen, diese als Stärke zu nutzen statt sie als Schwäche mit sich herumzuschleppen.

Ich lade Sie ein, mit mir gemeinsam in die fantastische Welt hochsensibler Kinder einzutauchen und herauszufinden, was sie bewegt und wie wir sie in Ihrer Entwicklung bestmöglich unterstützen können.

Mit diesem QR-Code geht es direkt zum Buch:

Haftungsausschluss

Die Umsetzung aller enthaltenen Informationen, Anleitungen und Strategien dieses Ratgebers erfolgt auf eigenes Risiko. Für etwaige Schäden jeglicher Art kann der Autor aus keinem Rechtsgrund eine Haftung übernehmen. Für Schäden materieller oder ideeller Art, die durch die Nutzung oder Nichtnutzung der Informationen bzw. durch die Nutzung fehlerhafter und/oder unvollständiger Informationen verursacht wurden, sind Haftungsansprüche gegen den Autor grundsätzlich ausgeschlossen. Ausgeschlossen sind daher auch jegliche Rechts- und Schadensersatzansprüche. Dieses Werk wurde mit größter Sorgfalt nach bestem Wissen und Gewissen erarbeitet und niedergeschrieben. Für die Aktualität, Vollständigkeit und Qualität der Informationen übernimmt der Autor jedoch keinerlei Gewähr. Auch können Druckfehler und Falschinformationen nicht vollständig ausgeschlossen werden. Für fehlerhafte Angaben vom Autor kann keine juristische Verantwortung sowie Haftung in irgendeiner Form übernommen werden.

Impressum

Self-Publishing Herausgeber dieses Buches

und Verantwortlicher für den Inhalt ist:

Katarina Schwarz

Wird vertreten durch:

Dennis Schöndienst, Lindenstraße 25,

78606 Seitingen Oberflacht

E-mail: dennis.schoendienst@gmail.com